蒙哥马利传

姜秋月◎著

时代文艺出版社

图书在版编目（CIP）数据

蒙哥马利传／姜秋月著．—长春：时代文艺出版社，2016.4（2023.7重印）

ISBN 978-7-5387-5121-5

Ⅰ.①蒙… Ⅱ.①姜… Ⅲ.①蒙哥马利，B.L.（1887～1976）－传记 Ⅳ.①K835.615.2

中国版本图书馆CIP数据核字（2016）第001714号

出 品 人　陈　琛
责任编辑　徐　薇
装帧设计　孙　利
排版制作　隋淑凤

蒙哥马利传

姜秋月　著

出版发行／时代文艺出版社
地址／长春市福祉大路5788号　龙腾国际大厦A座15层　邮编／130118
总编办／0431-81629751　发行部／0431-81629755
官方微博／weibo.com／tlapress　天猫旗舰店／sdwycbsgf.tmall.com
印刷／北京市一鑫印务有限公司
开本／710mm×1000mm　1／16　字数／156千字　印张／12
版次／2016年4月第1版　印次／2023年7月第3次印刷　定价／36.00元

目录

　　第二次世界大战是人类文明有史以来规模最大，也是最惨烈的一次战争。在这次战争中，以法西斯为轴心的一方与以反法西斯为同盟的另一方所投入的资源之多、战争所波及的范围之广，造成的损失之大，战术之新都是前所未有的。可以说，这场影响空前深远的世界大战给全人类的内心刻下了深深的印痕，即便大半个世纪过去了，它仍影响着一代又一代的人去研究、去探讨。

　　战争，是人类能够进行、参与的最惊险、最激烈、最残酷的角逐，自从人类诞生以来，战争就从未停止过。而在一场战争中，将帅的存在，可以说是战争的灵魂，所谓"克敌之要在乎将得其人。观古今中外历史，王朝之嬗变，国家之兴亡，莫不与将帅之优劣有关"说的就是这一点。想要透彻地了解一场战争，先要了解战争中的统帅。二战是一场惨烈的悲剧，在这场反法西斯同盟与法西斯侵略者的角逐中，挺身而出、披荆斩棘、角力斗智者不乏少数。他们或是驰骋沙场横刀立马，或是运筹帷幄决胜千里，他们是暗夜中璀璨的明星，终结战争，为人类带来黎明。他们每个人都是国之柱石，每个人都有着不凡的人生。在本书中，作者将为大家讲述的，是一位被称为"大英帝国的铁血雄狮"的传奇人物，他就是伯纳德·劳·蒙哥马利。

作为一位杰出的军事家、二战同盟军中最为杰出的指挥官之一，蒙哥马利有着传奇的一生：有些不幸的童年；从平凡走向辉煌的军事生涯；一生不渝的爱情……走近二战的历史，走近这位传奇的指挥官、陆军元帅，相信能够使我们获益良多。

蒙哥马利出生在英国伦敦肯宁敦区圣马克教区的一个牧师家庭，他的父亲亨利·蒙哥马利是一位主教。不满两岁的时候，蒙哥马利跟随父亲举家前往澳大利亚的塔斯马尼亚岛，直到14岁才回到英国，并开始进入圣保罗学校读书。事实上，蒙哥马利在课业上并没有得到老师很好的评价，甚至可以说是文化成绩低劣，但是蒙哥马利却有着很好的运动天赋，体育成绩超级棒。1907年，在并未获得家人的支持与鼓励之下，蒙哥马利奇迹般地考入桑德赫斯特皇家军事学院，并在一年后进入皇家沃里克郡团，驻防印度。

1914年，第一次世界大战爆发，蒙哥马利跟随郡团前往法国、比利时等战场服役，并曾负重伤，几乎送命。一战磨砺了蒙哥马利，也为蒙哥马利的军事生涯开启了道路，一战结束时，蒙哥马利任师司令部中校一级参谋。1920年，他进入坎伯兰参谋学院，开始了新的学习生涯，同年毕业并投入爱尔兰战争。在一战与二战之间短暂的，可以看作是和平时期的日子中，蒙哥马利数次调职，均得到了很高的评价。

1926年，蒙哥马利在瑞士邂逅了一生之中唯一的爱情对象——贝蒂，并很快坠入爱河。第二年，赢得爱人芳心的蒙哥马利终于与贝蒂结为连理。不幸的是，这段蒙哥马利投入深情的婚姻却十分短暂，1937年，随他驻防巴勒斯坦的妻子贝蒂因为败血症死在了蒙哥马利的怀中。妻子的离去给蒙哥马利带来了十分沉重的打击，也封闭了这位将军的心，直到1976年逝世，蒙哥马利再也没有爱上过任何一位女性。

但是那时的蒙哥马利没有时间消沉，第二次世界大战很快到来。从巴勒斯坦回到国内接任第三师师长的他只能立刻投入战争之中，失去妻子的蒙哥马利将所有的精力全心投入工作之中。然而，盟军最初的战况，仍旧让人无奈而心酸。法国战败、敦刻尔克大撤退，战败之耻更加激励了蒙哥马利获取胜利、挽回败局的决心。1942年7月，蒙哥马利作为陆军第八集团军司令前往北非，在北非，蒙哥马利大败沙漠之狐隆美尔，并取得了阿拉曼战役的大捷。阿拉曼大捷让盟军受到了极大的鼓舞。丘吉尔曾激动地说："在这以后，我们再也没有失败过。"

北非战事结束后，蒙哥马利率部与美军转战意大利两西西里，二战从此迎来一个重要转折。1944年，蒙哥马利离开第八集团军，调任第二十一集团军并计划协助艾森豪威尔开始诺曼底登陆战役，横扫法国北部、比利时、荷兰、德国北部。

二战结束前夕，蒙哥马利被授予陆军元帅军衔，二战结束后，蒙哥马利作为英国驻德国领军总司令驻防德国。后任大英帝国陆军参谋总长、西欧联盟各国陆海空军总司令委员会主席、北约欧洲盟军最高司令部最高副统帅，军衔、荣誉接踵而来。1958年，蒙哥马利退役。

蒙哥马利有着近乎半个世纪的军事生涯，作为一个军人的年龄长过了许多杰出的将帅，甚至在退役之后，蒙哥马利也没有放弃对政局、军事的关心，在他的一生当中，时时保持着良好的乐观心态，这乐观的心态是他能够获得辉煌与成功的重要因素之一。就像他自己说的，生活中一定要有一个作为信仰的存在，让自己时时拥有振奋的心绪。

第一章　叛逆的少年

1. 传奇家族

提起第二次世界大战，就不得不提起那些在战争中为和平做出杰出贡献，有着赫赫战绩的耀眼将星。第二次世界大战是一场几乎波及了全人类的灾难，在那场惨烈而影响深远的战争中，无数的人民经受苦难；无数的家庭破碎；也有无数的英雄出世，出现了整整一代为后世所敬仰的政治家、军事家。在这些英雄之中，许多人声名煊赫、名留青史，这其中就有一位不能忽略的杰出将军——伯纳德·劳·蒙哥马利。这位被称为"大英帝国铁血雄狮"的英雄，在英国人民心目中，是20世纪唯一可以匹敌马尔巴勒、威灵顿的军事家，是当之无愧的英国军事传统的继承人。在世界上，他则是一位可以与艾森豪威尔、朱可夫比肩的杰出统帅。

1887年11月17日，伯纳德·劳·蒙哥马利出生于在伦敦肯宁顿区圣马克教区一位牧师的家中，伯纳德是父亲的第四个孩子。虽然在蒙哥马利元帅的回忆中很少看到关于自己家族的影子，但是作为儿时一直信任崇拜的父亲，亨利·蒙哥马利在伯纳德的生命中一直占有着十分重要的地位。

蒙哥马利家族在英国历史上有着十分悠久的历史和辉煌的业绩，关于这个家族的历史，可以一直追溯到蒙哥马利家族的祖先——罗杰·蒙哥马利伯爵。

蒙哥马利家族并不是一开始就在英国，11世纪以前，这个家族一直居住在法国的诺曼底地区。1066年，在诺曼底公爵征服英国的战役中，作为诺曼贵族之一的蒙哥马利家族祖先罗杰·蒙哥马利一举出征并夺取了显赫的战功，被当时的人们看作诺曼贵族中最出类拔萃的人物之一。正因为如此，罗杰·蒙哥马利在11世纪威廉公爵的朝廷中官运亨通、声名显赫，甚至可以说是权倾一时.一直到1094年去世，罗杰·蒙哥马利仍然手握占领区行政长官的权柄。不过，这位祖先在历史上却并没有一个很好的名声，虽然为罗杰·蒙哥马利著书立传的作者曾粉饰般地对他多加赞誉，但在罗杰·蒙哥马利的成功背后，更多的是血腥和残忍。罗杰·蒙哥马利的身上拥有诺曼底人的野心、贪婪和狡猾，他崇尚武力甚至欺诈。他的第一位妻子梅布尔也和他有着同样狠毒的心肠，在罗杰·蒙哥马利霸占田产、诋毁政敌的背后，都有这位女性的影子。也许是命运之神的惩罚，1082年梅布尔被仇敌杀死，罗杰·蒙哥马利失去了这位"帮手"。梅布尔死后，罗杰·蒙哥马利娶了第二任妻子阿迪丽莎。阿迪丽莎不同于梅布尔，她是一位特别温柔的女性，在阿迪丽莎的感化下，罗杰·蒙哥马利决心洗心革面，成为一位虔诚的基督教徒。不久，他在当时的英国和诺曼底捐献建造了无数的教堂以及修道院，直到老死。蒙哥马利家族也是从此时开始了从事教职的生涯。

1623年，为了传教，罗杰·蒙哥马利的后世子孙从苏格兰西海岸渡海前往北爱尔兰达多尼格尔郡，他们很快赶走了当地的天主教徒并开始定居，正因为如此，在伯纳德·劳·蒙哥马利身上也拥有一部分的爱尔兰血统。

时间渐渐消逝。到18世纪末19世纪初，蒙哥马利家族开始没落，当时的家主塞缪尔·卢·蒙哥马利对宗教的信仰一心一意。因为极端的虔诚，塞缪尔在继承了父亲的家业后将家业的大部分都用于布道和从事传教活动，他的家产很快作为宗教之用逐渐被耗尽。等到塞缪尔的长子继承家业时，家道继续没落。到了1874年，因为兄长去世而继承家业的塞缪尔次子罗伯特·卢·蒙哥马利，面对的是蒙哥马利家族的产业已经为偿还债务而全部抵押的境况。

罗伯特·卢·蒙哥马利就是蒙哥马利元帅的祖父。罗伯特与他的父亲不同，8岁就被送往当地学校就读的罗伯特在鞭笞与同学之间的混战中，锻炼出与众不同的强悍性格。为了振兴家业，罗伯特远赴印度开始淘金。凭借着聪明的智慧与勇气，获得了阿扎穆加总督的赏识和重用，并先后负责过英国殖民当局的司法、行政、财务、教育等事务。24岁时，罗伯特与阿扎穆加总督的妹妹弗朗西斯相恋并结为连理。弗朗西斯天性羞涩，厌恶应酬，或许是性格的原因，弗朗西期渐渐变得忧郁起来，年轻的她不久就离开了人世。伤心的罗伯特离开印度，带着三个孩子回到英国度假。

1857年印度民族大起义时，再次回到印度的罗伯特凭借自己的果敢很快解除了英军印度兵团的武装，平息动乱。这项杰出的功绩，受到了英国国会的高度赞扬。罗伯特很快平步青云，成为印度旁遮普省的副省长。罗伯特一生经历了两次婚姻。第二任妻子艾伦为他生了四个孩子。但是很不幸的是，罗伯特的长子阿瑟20岁那年不幸早逝。于是他们的次子——亨利·赫德森·蒙哥马利就成为罗伯特与妻子的荣耀承担者，这个人就是蒙哥马利元帅的父亲。

与父亲的命运相似，亨利在8岁时就被送回伦敦读书，直到17岁亨利·卢·蒙哥马利才与父亲再次重逢。由于远离父母，亨利少年时期的生活可以说是十分艰苦。艰苦的生活磨炼了亨利的坚强意志。"这种生活让我受益匪浅"，亨利曾这样对自己的父亲说。1866年，亨利成为第一位进入剑桥大学读书的蒙哥马利家族族人。毕业后，他开始从事圣职。1873年，亨利成为伦敦有名的贫民区——黑僧路——基督教堂的副牧师。这让亨利的父亲罗伯特感到担忧，罗伯特给了次子一些资助，希望儿子能够高兴地生活。最初，亨利的确利用父亲的资助开始了游历的生活。但最终他还是回到了黑僧路，作为一个圣职者，勤恳地工作起来。

1878年，在威斯敏斯特圣玛格丽特修道院担任新任院长的副牧师的亨利邂逅了美丽的莫德。虽然当时的亨利已经31岁，而莫德才刚刚14岁，但作为亨利上司、莫德的父亲——法勒弗雷德里克·威廉·法勒院长出于对亨利的赏识欣然同意了这桩恋情。两年后，亨利与莫德结为连理。

2. 不被母亲喜爱的童年

作为亨利的妻子，年轻的莫德美丽活泼，她有着一头瀑布般的黑色长发，大大的含情脉脉的双眼，是个十足的美人儿。新婚期间，亨利带着妻子周游剑桥、约克郡、爱登堡、格拉斯哥和爱尔兰等地，尽情地享受新婚的幸福与欢乐。随后，他们一同回到爱尔兰，并很快有了自己的孩子。到了1889年，作为第四个孩子的伯纳德也已经有了一个可爱的小妹妹尤娜，这一年的春天，亨利接受了一项任命：去澳大利亚的塔斯马尼亚担任大主教。于是，两岁还不到的伯纳德·劳·蒙哥马利不得不开始了人生中第一次遥远的跨洋旅行。在经过七个多星期的颠簸和风浪后，他们终于到达了远在大西洋彼岸的澳大利亚洲塔斯马尼亚岛。

在到达塔斯马尼亚就任主教之后，亨利·蒙哥马利很快就全身心地投入到教区的工作中，而年轻的莫德则把主要精力放在对子女的教育上。不久，他们的大女儿西比尔，因无法适应在澳洲的生活不幸夭折。很快，他们又拥有了在塔斯马尼亚的三个孩子。而且，除了家中的七个孩子以外，莫德还需要抚养寄居在他们家中三位远房亲戚的孩子。蒙哥马利主教家成了一个孩童成群、十分热闹的大家庭。

由于亨利主教只专心于教区的教务，无暇理会家中琐事，照顾这样一个大家庭的重任便落在莫德身上。不得不说，这样的婚姻生活与莫德最初所想象的并不一样。从表面上看，蒙哥马利主教拥有幸福美满的婚姻，家庭生活却并没有让莫德感受到多少快乐。加上在当时的塔斯马尼亚，主教的收入并不算很多，支撑起像蒙哥马利家这样一个大家庭需要很多开支，经济上的拮据也就成为常有的事。时间久了，莫德的脾气变得越来越糟糕，甚至到了专横的地步。顽皮是孩子的天性，但为了让孩子们听话，不给她添乱，莫德订下了严厉的家规，孩子只要违犯，便给予严惩。

在莫德立下的家规中有这样一条：无论刮风下雨还是烈日炎炎，家里所有的人每天下午必须走出户外活动两个小时，使她不受到任何声音的打扰，能够安静地休息。为此，亨利主教本人虽然可以留在屋内，但也只能待在书房里，并不得频繁发出声响。

莫德在塔斯马尼亚的家设立了一间教室，由来自英国的家庭教师负责教授孩子们知识，但是孩子们必须负责教室的清洁和保暖，这让孩子们不得不在寒冷的天气中也要出外砍很多木柴。

出于对妻子的爱，无论莫德提出多么苛刻的要求，亨利·蒙哥马利都微笑着接受。久而久之，莫德更加习惯于发号施令，家中稍有不合心意的地方，就大发脾气。莫德苛刻的管理方式让她与孩子们之间的关系缺乏亲切感，孩子们对她几乎到了畏惧如虎的地步。

其实，虽然莫德对孩子们的一些规定十分严厉，但并不能说没什么不好。例如，她规定孩子们黎明时起床，自己收拾房间，穿戴整齐。七点半，自习功课。八点钟，莫德要对孩子们的房间和穿戴进行检查，合格后，大家才能吃早饭。然后，孩子们继续学习。晚上，他们必须自己动手准备自己的晚餐。这些要求对于孩子们养成自律和严谨的生活习惯以及吃苦耐劳的生活作风是很有好处的。只是莫德在实际执行这些"家规"的时候过于粗暴。由于不想给自己带来麻烦，家中大多数孩子都循规蹈矩，异常地温顺。只有小伯纳德不一样，他就像一个反叛者，专门变着法子和母亲对着干，让莫德生气。虽然来自于母亲的惩罚让伯纳德感到害怕，但是想要反抗的意识却像是隐藏在他心中的种子，常常忍不住冒出头儿来，令他做出违反家规的事，理所当然换来的是母亲的愤怒和痛打。在训斥和鞭打中挣扎几乎成了伯纳德·卢·蒙哥马利童年时代主要的生活方式，让他吃尽了苦头。

小伯纳德常常打架，欺负其他孩子，而自己也挨打；他突发奇想地去找当地人学习澳洲口音，便被罚站在家人面前改正，直到母亲满意为止；为了想要搜集邮票，他把别人送给他的一辆自行车卖掉，并用卖车的钱去购买邮票，被莫德发现后将他的零用钱一直停发到能将车子买回来为止；他因为生邻居家的小女孩儿的气，在屋内挥刀追逐那个女孩儿，被母亲一顿痛打。

他的哥哥唐纳德这样评价自己的弟弟："伯纳德是家中的败类，天性顽劣，只顾自己，目中无人。"

蒙哥马利性格中的反抗和叛逆，被母亲视为顽劣和无可救药。在莫德看来，伯纳德早晚有一天会像那些因犯罪而被流放到塔斯马尼亚的人一样，被社会抛弃。只要她在家中看不见蒙哥马利的人影，她就会对其他孩子嚷道："快去看看伯纳德在干什么，让他停下来。"

比起其他温顺的孩子，莫德越发不喜欢这个四子。一次，外出归来的亨利主教送给妻子一个漂亮的金鱼缸作为礼物，莫德非常喜欢也非常珍惜。她严厉地警告孩子们不可以靠近。这更激起了小伯纳德的好奇心，经受不住诱惑的他在母亲不注意的时候靠近了鱼缸，一不小心打破了鱼缸，生气的莫德失望地对着他呵斥道："伯纳德，除了当炮灰，你将来什么也做不成，什么也做不来。"

母亲的诅咒，无疑为当时还是小孩子的蒙哥马利带来了不小的伤害。由于和母亲的冲突，童年对于蒙哥马利来说充满了忧郁和不幸，他很早就明白了任何事情都要靠自己，并很快学会了观察母亲的心理变化，哪怕是母亲一个不经意的动作，他也能从中感知母亲的情绪，并加以针对性地应付。随着年龄的增长和自己的性情变化，他和母亲的关系才逐渐缓和。

虽然莫德对孩子们的教育方式有些不妥，但她教育的目的却得到了很好的实现。蒙哥马利兄弟们都学会了诚实做人，他们每一个人都循规蹈矩，没有任何一个人做过使家族蒙羞的事，而且个个成才上进。

很多年后，已经年逾古稀的蒙哥马利元帅回忆起自己的童年的时候，曾感慨说："我童年的不幸，大多是因为我的过错。"

3. 重返祖国

1901年，在经过十多年的异乡生活后，蒙哥马利结束了在塔斯马尼亚的童年生活。这一年的冬天，亨利·蒙哥马利主教收到伦敦教区的调令返回英国。

回国前，身为家中长子的哈罗德认为自己回到英国后可能要面对黯淡的前途，并认为自己不会有很好的作为，提出不回英国而要去参加英国在海外的驻军的想法。作为父亲的亨利主教出于对儿子的了解，认为体格强健并且骑术精湛的长子适合加入陆军。在祖父和外祖父的帮助下，他这一想法很快得以实现。哈罗德成为一名陆军军官，参加了已接近尾声的南非战争。并在之后定居非洲，再也没有回到英国。

无论如何，能够回到阔别多年的故乡都是一件令人高兴的事情，虽然经历了穿越大西洋的漫长颠簸。

　　回到伦敦以后，母亲莫德为了让孩子接受更正统的教育，很快将蒙哥马利与他的哥哥送到附近的学校就读。此时，已经14岁的蒙哥马利完全没有在校学习的经历，由于在塔斯马尼亚所有的学习生活都是由家庭教师主导，能供蒙哥马利所学的知识十分有限。加上蒙哥马利从小顽皮淘气，在学习上也很少用心，所学甚少。正如多年后蒙哥马利对自己的评价，那时候的他"学识很少，实际上毫无文化修养"。

　　这样的蒙哥马利在进入圣保罗学校后依然很是悠闲地混日子，学习上无长进。比起这个令人头疼的弟弟，哥哥唐纳德在入学后学业突飞猛进，第一个学期就获得了剑桥大学的奖学金，为家中的经济减轻了不少的负担。蒙哥马利在母亲的要求下也参加了奖学金的考试，但这纯粹只是为了敷衍母亲的考试结果可想而知。在圣保罗学校的5年中，蒙哥马利落后的成绩让亨利和莫德伤透了心。1903年，他在拉丁文、物理、化学等科目方面有所进步，老师的评语是"尚可"；在神学和英文方面，老师的评语是"优异"。秋季来临，一场大病又将这些希望变成泡影。蒙哥马利的学习成绩再次滑落到谷底。到1905年秋，他通常得到的评语是"顽劣"，虽然他也能写情感丰富的文章，却毫无风格。

　　虽然在文化学业上毫无建树，但少年的蒙哥马利却是一个运动健将。当时的圣保罗学校与英国其他的学校一样，盛行着橄榄球和板球这两种运动。在塔斯马尼亚长大的伯纳德虽然一开始对这两种运动感到陌生，但从小喜欢运动并养成了强健体魄的他很快成了运动场上的佼佼者。在运动场上，蒙哥马利简直判若两人。他灵活、敏捷、果敢，有着很强的领导才能。与那个因为母亲的严厉而忧郁沉默、郁郁寡欢的少年完全不同。身为球队队长的伯纳德多次带领球队取得比赛的胜利，并因此而成为一个能够独立生活、自信从容、并且经得起惩罚的人。

1905年，读四年级的伯纳德面临一次升班选择。

可能是几年前前往南非从军的长兄作为军人威风凛凛的样子给伯纳德留下了太深的印象，又或许是体内流淌着英勇善战的爱尔兰血统，懵懂中觉得自己的领导才能只有在军队里才能得到更好发挥的伯纳德在未同父母商量的情况下，先斩后奏，选择了陆军班。

这个决定显然无法令身为虔诚的基督徒的父母感到满意。作为父亲的亨利希望这个儿子以后能够成为一名牧师，当听到伯纳德想要成为一位军人后不禁大失所望，但亨利毕竟是一位开明而宽容的父亲，虔诚的他将这一切归为天意，接受了儿子的选择。但母亲那关却不是那么好过的，先是哈罗德未能如她所愿，放弃家族传统而从军。现在，伯纳德也有了这种想法，她当然坚决加以反对，并为此爆发了激烈的争吵。

母亲的反对，不仅未改变伯纳德的想法，反而激起了他在童年时就屡屡犯禁的逆反心理，上陆军班的决心更大了。母子之间的战争延续了整整一个月。最后，母亲让步了。伯纳德生平第一次对母亲抗争取得了胜利。1905年秋，这位成为被称为唯一能够继承英国军事传统的英雄如愿地进入了圣保罗学校的陆军班。

不过想要真正成为一名陆军军官，并不是只要进入陆军班就可以的，还要进入桑赫斯特皇家军事学院。虽然进入桑赫斯特皇家军事学院并不太难，只需要通过一些难度不大的考试就行了。可是，伯纳德文化课的成绩实在太差了。1906年7月，校方对于想要成为陆军军官的他的评语是："该生是个年龄与成绩极不相称的落伍者。要想上桑赫斯特皇家军事学院，希望不大，除非从现在起努力苦干。"

不出所料，这份评语在送到亨利夫妇手中的时候引起了轩然大波，更同样使蒙哥马利受到很大的震动。"如果不加倍努力，我将会一事无成，平庸地度过一生。"这是自信并深觉自己拥有领导天赋的蒙哥马利不能忍受的。在军校入学考试前半年的时间里，蒙哥马利从球场上消失了，他将自己所有的时间和精力都用来弥补在圣保罗学校所荒疏的学业。尽管1906年冬，学校给他的期中成绩报告单仍然难以使人高兴，但对于蒙哥马利来说已经足够了。

1906年秋桑赫斯特皇家军事学院的入学考试，在全部录取的177名考生中，蒙哥马利以第72位的排名，成功地敲开了通往军旅生活的大门。

就这样，蒙哥马利勉强地修完了圣保罗学校的学业，但也是愉快地修完了圣保罗学校的学业。到他19岁离开毕业时，圣保罗学校给伯纳德留下了美好的回忆。他说："圣保罗学校在我的性格上留下了烙印。"

4. 入皇家军校

1907年1月30日，伯纳德·蒙哥马利终于进入了久负盛名的桑赫斯特皇家军事学院。桑赫斯特皇家军事学院位于英格兰的伯克郡，始建于1799年，是一所初级陆军军官学校，主要培养英国陆军的下级军官。学员一部分来源于英国陆军中的优秀军士和下级军官，另一部分从英国和其殖民地国家的中学毕业生中通过考试遴选出来。

蒙哥马利入学后，发现自己在学习上并不是最糟糕的。他那颗悬着的心终于放下了。同时，另一个问题却降临到他的头上。在当时，英国陆军之所以并不吸收国内那些学业上出类拔萃的学生，原因就是军官学校军人的开支非常大，靠个人的薪金根本无法维持。一般来说，即使是普通的军团，一个士兵每年的收入至少需要100英镑才能维持生计。在骑兵和其他较新式的步兵团中，一个士兵每年至少需要300~400英镑的收入。当蒙哥马利选择军人这个职业时，对这些情况一无所知。

蒙哥马利出生在一个平民家庭，每年要花费150英镑在桑赫斯特皇家军事学院，这里包括食宿与其他所必要的花费，当然这里面是不包括零用钱的。根据家里的收支情况，亨利夫妇同意在负担150英镑的学费外，还可以每个月给蒙哥马利2英镑的零用钱，这已是最慷慨的了。但与其他军官家出身的同学相比，蒙哥马利显得格外寒酸。多年以后这段军校时期的生活回忆，依然让他刻骨铭心，他说："在那些日子里，刚刚出现手表，在学院的小卖部就有出售。很多同学都有手表，而我却经常对他们投以羡慕的眼光。但我知道这些手表不是为我准备的。第一次拥有手表是直到1914年大战爆发。"

不过，蒙哥马利并没有耗费精力去考虑钱的问题，军校给了他一个崭新的世界，让他身心全放在了学习上。在桑赫斯特，一开始蒙哥马利就表现得十分出色。按照学校的惯例，每位新学员入学后要接受六周的集训，这是为了挑选出优秀学生担任一等兵。一等兵在军校里是莫大的荣誉，这样的学生都会被校方作为具备陆军中第一流军官的基本素质的优秀人才来看待。六周训练结束，蒙哥马利理所当然地成了幸运儿。如果顺利，到第二学期他将成为佩戴红肩章的中士，然后会有资格去竞争佩带军剑的掌旗军士。那是军校学生的最高军阶。

在期末考试中，他取得了在所有学生中排名第87的成绩，这并非出类拔萃，对此，校方却慷慨地给出了"成绩优异"的评价。虽然在学习上投入了大量的精力，蒙哥马利却并没有放弃自己对于运动的爱好和热情。他开始接触陌生的"曲棍球"并很快地获得了"天才"的赞誉。不久，他又进入了自己最拿手的橄榄球队，在入学第一年的冬天，桑赫斯特皇家军事学院橄榄球队与伍尔维奇的皇家军事学院橄榄球队交锋，结果大获全胜，蒙哥马利也因此出尽了风头。

11月初，有消息传来：皇家沃里克郡团刚好有个少尉空缺，他已被提名为递补，这令他兴奋不已，因为皇家沃里克郡团是他向往已久的。由于皇家沃里克郡团有一个营是驻扎在印度的，而驻扎印度的军官都会得到较高的津贴，足以维持蒙哥马利独立的生活，减轻家中的经济负担，让他脱离来自母亲莫德的苛刻控制，服役印度成了他最理想的选择。而且只要他在第二个学期能够保持优秀的成绩，就能够如愿以偿。

比起在圣保罗，一切更加顺利了。但就在这一学期快要结束的时候，祸事发生了。

在桑赫斯特军校，蒙哥马利的连队是低年级的"B"连。这里有一些好斗又爱惹是生非的家伙。没多久，这帮家伙就与楼上的低年级"A"连发生了矛盾，双方时有冲突。蒙哥马利作为管制"B"连活动的一等兵，不仅没有制止这帮爱惹事手下的行为，反而领着他们去闹事。在当时的桑赫斯特，军官下班后不管学生活动。因此，每当课程结束，蒙哥马利就领着他那帮人在走廊同"A"连发生激战，有时还会离开走廊很远，打到其他连队居住的地方。他们打起架来真是凶狠又不留情面，很快便有了"好斗的B连"的称号。蒙哥马利也顺理成章地成了这个"好斗的B连"的头。

虽然校方对于"好斗的B连"的种种作为也有过警告和节制，但他们却越来越肆无忌惮，终于在一次恶作剧中，事情闹大了。

在12月份期终考试前夕，蒙哥马利领着"好斗的B连"对一个在同学中不大受欢迎的同学进行恶作剧。那位同学更换衣服，蒙哥马利一伙趁他身上只剩下衬衣内裤时，一拥而上，用刺刀逼住他，使他不敢动弹，蒙哥马利本人则点火烧他的衬衣下摆，结果使那个同学的臀部被严重烧伤，送进了医院。尽管校方在调查这一事件时，该学员表现得极为大度，拒绝揭露使他受罪的人，可谁都知道这是蒙哥马利那伙人干的。

这是个很严重的事件，在当时的桑赫斯特，这种行为是要被退学的。母亲莫德在得到这个消息后，立刻赶到了学校，虽然明白蒙哥马利是严重地违反了学校的纪律，但她依然希望自己的儿子能够免于被退学的噩运。在莫德的努力下，加上蒙哥马利的老师、前苏格兰燧发枪团的福布斯少校的开脱，学院终于同意让蒙哥马利继续留校，但需延长学习期限6个月，视其表现，以决定去留。同时，他原本竞争掌旗军士的资格也随之泡汤。

新学期开始学院，在所贴出的公告中没有蒙哥马利的名字。但是，告示里专门提了一句，一等兵蒙哥马利被降为普通学生级别，至于原因则只字未提。在学院的档案和呈报陆军部的材料中，也没有任何关于烧伤事件的字眼。

蒙哥马利清楚地知道，这是学院给他的一次机会。为了弥补自己的过失，在延长学习的6个月中，他痛下苦功，想要以优异的成绩毕业，以保证自己成为驻印度军一员的资格。6个月的刻苦努力，使蒙哥马利的成绩进步很大，跃居第36名。因前往印度服役的竞争激烈，这样的成绩并没有达到资格，蒙哥马利的希望落空了，他只好另做选择。

5. 服役印度

希望落空，是一种深深的遗憾。但经过深思熟虑之后，蒙哥马利还是选择了皇家沃里克郡团。虽然不能成为当年夏天进入印度驻防的军人，但这一选择依然能够给他间接实现这一理想的希望。此外，对于蒙哥马利来讲，沃里克郡团的帽徽也是十分吸引人的。

1908年9月19日，21岁的蒙哥马利进入皇家沃里克郡团服役。与他一同进入该团的还有从桑赫斯特出来的三名高年级学生。

在皇家沃里克郡团，蒙哥马利很快被视为是很不合群的怪人，他脾气粗暴，对上级缺乏尊敬，性格孤僻。虽然是一个青年人，但他就像一个严格的清教徒，不吸烟，不喝酒，风流韵事毫不沾边，整个人充满着禁欲主义色彩，这让大多数人对他敬而远之。当然，凡事总有例外，当时的郡团副官麦克唐纳，给了蒙哥马利许多教益和关怀，虽然两人只是君子之交，但这种交情，他们保持了一生。

为了避免自己的希望再次落空，争取去印度服役的机会，蒙哥马利在业余时间学习了两门印度土著语言——乌尔都语和普什图语。不久，机会终于来了。由于军队调整，团里决定派蒙哥马利去驻扎在印度西北边疆白沙瓦的第一营。蒙哥马利如愿以偿地来到了印度。

比起其他军队来，驻印英军的薪水确实高了很多。不过，那些薪水也不可能让蒙哥马利像其他家世富有的同僚那样进行一些昂贵的消遣活动，仅能勉强维持他基本的独立生活，但对于已养成了清教徒的习惯的蒙哥马利来说，消遣娱乐并没有任何的诱惑力。他可以有更多的时间来钻研学习军事业务。正因为如此，他很快就在驻印同僚中崭露头角，在1910年4月1日晋升为中尉。

虽然是前往海外驻防，但是军队也是有一定的运动和比赛供士兵们消遣的。作为运动健将，曲棍球、板球、边疆探险、打猎……这些活动都成了蒙哥马利的拿手好戏。但是有一项运动，一直让蒙哥马利为之伤脑筋，那就是赛马。在当时，赛马是一项属于贵族的运动，但争强好胜的性格促使蒙哥马利最后还是决心也去买一匹马来，和同僚一较高下。一个偶然的机会，他得以用8英镑的价格买回了一匹营中用作运输的杂种马，并开始用心训练。不久，蒙哥马利带着训练好的马儿参加了军中的赛马比赛。并不漂亮的杂种马，让围观的人群发出了嬉笑。虽然，起初并不顺利甚至还差点把蒙哥马利摔下马，但这匹马在蒙哥马利的驱使下竟然越跑越快，一会儿就超越了所有的对手，第一个冲过了终点线。蒙哥马利的名气一下子传了出去，甚至一些原本因为他的性格古怪和家世而瞧他不顺眼的军官也禁不住说："蒙哥马利那小子，可真邪！"

这样性格的蒙哥马利不管走到哪里，都引人注目。这一年的秋天，英军再次调动，蒙哥马利所在的军营换防到孟买。在这里，蒙哥马利开始兼管营里的体育活动，并且组建训练起了营中的足球队。这支足球队很快在南印度名声大振，独占鳌头。1910年12月，德国皇储乘战舰到孟买进行为期一周的访问，德英双方交往频繁。为增进两国间的友谊，双方决定举行一场足球友谊赛。出于对对方实力的充分信任，营副官悄悄地告诉蒙哥马利不要把主力全部派上场，怕伤了德国球队的面子。但蒙哥马利不这样想，他口头上答应了，却派出了全部的精英来参加比赛，并以40：0的分数完胜德国球队。事后，面对长官的责问，他回答说："这是我同德国人的第一次交战，我可不能掉以轻心，让他们讨了好。"

印度的孟买是一座让人感觉闷热的城市，它炎热而潮湿，让人昏昏欲睡。这样的气氛常常让蒙哥马利感到无奈而失望。一段时间的军旅生活让他越来越清楚地明白，如果他想要取得成功，就必须精通自己本行的业务和知识。但是在孟买，他显然得不到什么有意义的帮助。在这里，年老的军官只关心当地的具体事务，知识十分有限；年轻人沉醉于寻欢作乐中，研究战争还会被当成老土和守旧引来嘲笑。在这种环境里，要想学一点东西，就得完全靠自己了。这很困难，但还不足以使他放弃。蒙哥马利甚至还报名参加了当时的陆军通信专业测验。为了应付苛刻的测验，他把1912年版的《陆军通信手册》整个背了下来，并在为期5天的有关旗号、灯光信号等测验中名列前茅。

1912年11月，蒙哥马利所在的营结束了在印度驻军的任务，奉命回国。与最初的心境完全不同，蒙哥马利对于此番调度满意极了。因印度令人难以忍受的气候和颓靡的军队氛围，蒙哥马利当初所考虑的经济因素变得不再重要。在多年后的回忆中，他说："在我1912年离开印度时，我很高兴。幸好命运之神没让我以高分数离开桑赫斯特军事学院而被选入驻印度军队。"

回国后不久，被蒙哥马利任命为皇家沃里克郡团第一营的助理副官，驻防于肖恩克利夫，在那里是他一生中悠闲自在、了无牵挂的最好时光。这是蒙哥马利对军事的研究从实务转向了理论的探索时期。恰在此时，勒弗罗伊上尉刚毕业，就参军来到沃里克郡团一营。蒙哥马利与他一见如故，他们经常一起探讨怎样掌握战争艺术的问题。勒弗罗伊把自己对战争与战略的理解悉数道给蒙哥马利，并指点他怎样进一步研究军事理论，给予了蒙哥马利相当大的帮助。也可以说，勒弗罗伊是蒙哥马利在军界前进道路的第一指导人，他在蒙哥马利年轻的心中播下了火种。但是不幸的是，这位军事参谋却在第一次世界大战中阵亡。对此，蒙哥马利非常地痛心，在回忆录里他这样写道："他（勒弗罗伊）的死对我本人以及军队都是重大的损失。"

　　转眼，时间来到了1914年。这一年的夏天出奇地闷热且令人烦躁，就如同那火药桶般一触即发的世界形势，让人喘不过气来。6月28日，在波斯尼亚首府萨拉热窝，塞尔维亚民族主义者普林西波射向斐迪南大公的子弹，终于引爆了巴尔干这个火药桶。第一次世界大战全面爆发了。

第二章　一战烽火

1. 颠沛中的家书

1914年7月23日，奥匈帝国因斐迪南大公被刺一事无法得到满意的解释，向塞尔维亚政府发出最后通牒，并在五天后正式向塞尔维亚公开宣战。第一次世界大战由此蔓延。一战为欧洲国家和人民带来了深重的灾难。

起初，大家认为这只是奥匈帝国与塞尔维亚之间的纠纷，并不会波及欧洲其他国家。随着沙皇俄国以塞尔维亚保护国的姿态介入战争，而德国要求其停止战争动员并通知法国保持中立遭到拒绝后，战局逐渐失去了控制。与德法两国隔海相望并且身为老牌资本主义国家的英国当然未能幸免，驻守肖恩克里夫的蒙哥马利很快被调到皇家沃里克郡团。接到调令，意味着蒙哥马利结束了清闲的时光。

1914 年8月3日，德国向俄、法两国宣战。针对海岸线上危险最大的施尔尼斯地区，英国政府从当地各团队分别抽调了350人，组成一支混编营，驻守施尔尼斯附近的雪壁岛。回归沃里克郡团的蒙哥马利被调到这个营，担任营副官，专司对一千多名军人下达命令。当时的情势之紧张，从蒙哥马利向母亲的家书中可窥一斑：

"对于现在外面的情况，我们已经很难确切地知道。舰队已经全部动员，并且完成了战备；有许多战舰在离施尔尼斯不远处抛锚。就在昨日，又有4 艘巨型巡洋舰在附近停泊，几乎都是全员戒备的。陆军还未接到全体动员的命令，但我们认为动员令随时都会下来。我们在此驻防是为了完成初步的戒备。从今天早晨的报纸上，我看到了德国对俄宣战的消息，在我看来，我军被迫参战已成定局。战争只是迟早的事，我希望战争早点开始，早点结束。现代的战争，是不会拖得太长的，但一定很可怕、很残酷。经历这次战争，以后 50 年大概都不会再有战争了。大多数人认为，德国将会于此战落败，我也赞成这种观点。当然，对于我们来说，德国如果能够战败是再好不过的事了；如若其以一国之力挑战我们几个国家，它一定难逃厄运。我很希望我军能够厉兵秣马，严阵以待，以便在法国需要时，随时参战予以援助。法国所需要的主要是我们的舰队，而舰队现在已完成准备，升火待发。"

对于战争，蒙哥马利乐观地保持了积极的态度，而一切也正如他所预料的那样。8月2日，德军进入卢森堡，要求借道比利时。3日夜间，入侵比利时。 出于对中立的比利时进行承担的义务，8月4日晚11时，英国正式照会德国：英国已同德国处于战争状态。英国政府已经准备向欧洲大陆派出远征军。

8月6日，由于后续义务民兵团的到来，解散了驻守雪壁岛的混编营返回各部。蒙哥马利也随军返回并继续担任他的排长职务。同月7日夜里，沃里克郡团接到命令，出发的目的地不详。但在给母亲的简短家书中，他提到："我猜想，部队可能会到比利时去参战，也有可能会开到法国北部去。您可从报刊上得知消息。"次日凌晨，被编入英军第四师第十旅的蒙哥马利与他的部队上了一辆闷罐车，赶往远征军集结地——哈罗。

蒙哥马利的推断是正确的。8月22日，蒙哥马利所在军队第一营在南安普顿乘坐"加利多瓦亚号"运输舰渡海前往法国波罗尼港，次日上午，抵达目的地。

没有时间为他们休整。此时，前期到达法国的英国远征军已经同德军开始交火。为了阻止企图包围正面法国守军的德军主力，减轻法军压力，远征军在缺乏重型装备和野战通信器材的情况下，于法国北部的蒙斯附近向德军发起了牵制性进攻。8月23日，先遣英军紧随法军从蒙斯地区撤退。

由于前线形势已发生变化，原定要参加这次战役的第四师只好按照行军路线赶往勒卡托等候后续部队，并于途中掩护先遣英军撤退。此次行军并不顺利，在行军途中，原本炎热的天气突然下起了倾盆大雨，为行军带来了重重困难。

8月26日，经过一夜的跋涉，蒙哥马利所在的营队终于随同第四师抵达奥库尔村。长途跋涉，缺乏供给使英军疲惫不堪，他们只是在村庄外的麦田里就地驻扎，并派出一支警戒部队驻在前面的山头上，以保证宿营部队的安全。早餐的时候，德军发起了突袭。突袭非常糟糕。第四师共15000人，正面防线宽达5英里，没有粮食，没有弹药，也没有师炮兵和骑兵部队，结果被打得落花流水。第十二旅在清晨5时15分便弃守高地，撤退时乱作一团，只好靠皇家沃里克郡团所在的第十旅来收拾残局。这种在既无计划又无火力准备的情况下，迎着德军的火力冒然发起进攻的做法，使英军伤亡惨重，最后他们只好又退回到进攻出发的阵地。对此，蒙哥马利在家信中毫不客气地指出："如果这是真正的战争，它给我的印象是太奇怪了，和我与书中所学完全不同，简直就是在胡来。"

在这场惨烈的战斗中，蒙哥马利甚至一度被当作失踪人口，以致英国军方对他远在伦敦的父母做出了这样的电报："蒙哥马利主教：据报告，沃里克郡团的伯纳德·劳·蒙哥马利中尉现已失踪，本部深感遗憾。不过，这份报告并非表示蒙哥马利已经阵亡或负伤。尔后再有消息，当即电告。"

9月4日，疯狂的德军终于开始向后撤退，停止了对英军的进攻。蒙哥马利所在部队开始追击。10日后，德军撤到埃纳后便不再后撤，开始就地构筑阵地，准备据守。英军到达后，没敢冒然进攻，也就地构筑工事。双方又形成阵地对峙的局面。

蒙哥马利接替受伤的连长，担任了代理连长，管着250个士兵。这本该是少校军官的职责，可命运之神却将其安排在了蒙哥马利的头上，这使他非常兴奋，并希望在军中可施展更多的才能。欧陆冬季气候潮湿，法国的9月，天气好像总是阴沉，英军阵地上到处泥泞，不过这丝毫不影响蒙哥马利。夜里查哨时，他在泥浆里匍匐爬行。回去后，他穿着带有泥水的衣服，躺下便睡，且非常安稳。

两军的僵持就这样开始了。而一直处在困境中的英军的状况也每日愈下。尽管如此，在写给母亲的信中，蒙哥马利对这场战争依然满怀着良好的心态：

"德军的前沿战壕离我们不过700来米，一不小心就会被德军的哨兵抓去。可我一直吉星高照，安然无恙……我们真需要老天帮忙，给我们带来些好天气，好将战壕和我们的衣服晒干。除了那些炮火外，到此为止，其他一切还算不错。"

2. 英勇无畏

长期的僵持造成补给的严重短缺。为了打破这个局面，1914年10月上旬，英国当局将夹在两支法军中间的英国远征军抽调出来，转向北方，迂回德军翼侧。但此举并未能取得成功，德军主力在闪电般的攻陷安特卫普后，也抽出几个师的兵力对英军实行迂回包抄。在人数上陷入劣势的英军，再次陷入了困境。

随同部队转移阵地的蒙哥马利，离开埃纳阵地后搭乘火车前往比利时，并在其后调转方向，经过两天的行军后，再次搭乘开往梅特朗的火车参加战斗。出于建制人员方面的考虑，10月13日，从英国调来一名退役上尉担任远征军连长，蒙哥马利中止了代理连长职务，返回排里。战局紧张，伊珀尔战役早在一天前打响。蒙哥马利所在的第一营也立即投入了战斗。这一次的进攻由普尔少校指挥，对于这次战役，普尔少校制定了详细的作战计划，做出的命令也合理妥当。当天上午，蒙哥马利所在营连刚刚到达佛来特尔，便接到报告说，先时敌军据守的是梅特朗前方的高地。普尔少校将全营的四个连完全展开，很快把敌军赶回梅特朗。然而，一切并非顺利。德军从高地退守村庄的边缘后，就在房舍、丛林、篱笆和墙壁间挖掘战壕，把泥土弄得到处都是。此时，天空正下着绵绵细雨，雨帘低垂，乌云翻滚，恶劣的天气使英军根本无法看清敌军身在何处。由于英军没有炮火支援，无法对德军阵地进行轰击，这使德军可以毫无顾忌地把教堂塔顶作为观察位置。在那上面，德军对英军的部署和运动情况一览无余。尽管普尔少校指挥正确，但全营在上午11时又奉上级指挥官的命令，在没有炮火支援的情况下夺取村庄。其结果与上一次的战斗一样，远征军各部先后受挫，伤亡极大。

虽然形势严峻，但也没有什么好怕的。战斗打响后，信心十足的蒙哥马利身先士卒，率领他所在排的士兵向村庄直冲过去。当他们逼近目标时，蒙哥马利突然发现眼前的德军战壕里，有一名德军正举枪向他瞄准。"糟了！"蒙哥马利突然有些后悔，原来发起冲锋时，过于兴奋的他竟然没有拿步枪，而仅仅拎了他那把被他以为只能用来行军礼的短剑。千钧一发，蒙哥马利已经来不及多想，在桑赫斯特皇家军校中那一段顽劣的生活让他本能地纵身猛扑过去，使出浑身力气狠狠一脚踢向那个德军的下腹部，正好踢中了他的要害。那个德国士兵可能从未见过这种打法，痛得跌倒在地，成了蒙哥马利有生以来的第一个战俘。

激烈的战争耗尽了双方的弹药，蒙哥马利带着士兵们与德军展开了激烈的肉搏，并最终占领了外围阵地。就在他们准备向村庄里继续发动进攻，蒙哥马利在大雨中跑到阵地前观察情况时，守在村里的德军狙击手发现了他。一颗子弹从他背后射入，从前胸射出。右肺被穿透了，但幸运的是没有伤到骨头。子弹的冲劲如此之大，蒙哥马利被一下子摔倒在地。枪伤很严重，但他的神智非常清楚。蒙哥马利明白自己还暴露在狙击手的枪口之下，所以只是静静地躺在原地一动不动。排里的一名士兵发现了受伤的蒙哥马利，立刻冲过去要为他包扎伤口，来不及阻止，那个狙击手的子弹又射入了士兵的头颅，那个冲过来的士兵一下子就倒在了蒙哥马利身上。狙击手又继续向他俩扫射着子弹。这些子弹多数都射在那个士兵身上，只有一颗射中了蒙哥马利的左膝。远处战斗的士兵们，都以为他们两个已经死了，继续战斗而没去救援他们。蒙哥马利在泥泞的土地里躺了三四个小时，直到天黑以后，排里的士兵们才匆匆赶到。他们没有预料到自己的长官还活着，没有担架，只好用一件大衣把蒙哥马利抬到路上。幸运的是，他们很快遇上了团急救站的担架兵，急救兵们把蒙哥马利抬到皇家陆军卫生部队的前方急救站施救。由于失血过多，医生们认为他不行了，又因急救站要转移，放弃希望的医疗人员开始为他挖了一个坟墓。出乎大家的意料，到转移时，蒙哥马利还活着。于是，蒙哥马利被抬上救护车，送往火车站。一路上汽车颠簸，他还勉强没有昏迷过去，直至上火车后他才完全失去了知觉。

当天黄昏，德军开始从村庄撤退，一场战役，德军以微不足道的伤亡挡住了整个英国远征军，并使其伤亡700多人，仅皇家沃里克郡团的第1营就有42人阵亡，85人负伤。团中一直身先士卒英勇战斗的克里斯蒂少校壮烈牺牲，蒙哥马利的同事季烈特少尉也不幸殉职。蒙哥马利能够几次大难不死，真是奇迹。

第二天，蒙哥马利终于醒了过来。这时的他已躺在英国伍尔维奇的赫伯特医院里了。蒙哥马利在战役中的英勇表现深受上级的重视，并得到了表彰。在受伤的第二天，也就是1914年10月14日，蒙哥马利被晋升为战时（准）上尉军衔，荣获卓越服务勋章，领奖名义是："身先士卒，奋不顾身，用刺刀将敌人逐出战壕而身负重伤"的英勇表现。卓越服务勋章是英国给英勇军人的最高奖项，低级军官很难有这种殊荣。

蒙哥马利受伤后的第四周，伊珀尔战役结束了。这是第一次世界大战中英军伤亡最惨重的一役。从整个情况看，英国远征军在人员、装备均处于劣势的情况下，能与敌军右翼打成平手，已经是很不易了。这场战争中的伤亡，却相当于英国远征军在一战中总伤亡的半数。第一次世界大战中，英国远征军每10个人中便有一人阵亡。而在这些阵亡的人员中，有四分之三是在伊珀尔战役中捐躯的。

3. 上尉参谋长

在赫伯特医院的医治和疗养下，蒙哥马利左膝上的伤口很快痊愈了。不过肺部的枪伤好得却很慢，尽管20天后他胸部的伤口愈合，内出血已停止，右肺也开始扩张得很好，但他仍然感觉到呼吸短促。医生告诉他，胸部的创伤对他的影响可能是终生的。12月初，感觉自己已经恢复得很好的蒙哥马利请求出院，院方经研究后准许蒙哥马利先回家休养3个月。假期结束时，再根据他的身体状况考虑是否让他再回军队工作。两个月后，蒙哥马利极力说服院方对他进行了再次检查。检查结果是各方面都恢复得很好。1915年2月，陆军部宣布，蒙哥马利可以重任军职，但仅限在国内服役。

重返军队后，蒙哥马利被调离皇家沃里克郡团，前往第 112 步兵旅驻防曼彻斯特接替该旅参谋长 J·A·尼克松少校的职务。蒙哥马利此时在军中任职排长，在梅特朗负伤时的军衔仅是个中尉，1914年10月14日才晋升战时上尉衔。而第112旅参谋长的职位一般都是由少校军衔的人来担任，对此陆军部同意将伯纳德·卢·蒙哥马利的战时上尉衔改为正式上尉衔。刚满28岁的蒙哥马利开始了新的军中生涯。

伊珀尔战役的惨烈，使蒙哥马利对于战争又有了新的认识。在住院疗养和休假期间，他不只一次地思考那场战役以及关于这场战争的军事上的问题。蒙哥马利意识到，想要取得战争的胜利，光靠武力是不行的，智谋与计划才是更重要的东西。他决心将自己的结论应用于以后的工作中，为此，他更加认真地钻研起军事理论和战争谋略。

驻曼彻斯特的第112步兵旅，是一支一个月前刚刚由兰开夏郡的四个步兵营组成的新部队。旅长是著名的爱尔兰团队皇家因尼斯基林团的退役准将麦肯齐。麦肯齐将军对蒙哥马利非常赏识，对蒙哥马利的工作采取了完全支持的态度，放手让他去干。

蒙哥马利担任参谋长后，英国军方曾对第112步兵旅进行多次的调整，并最终改成第104旅，编入第35师。8月，全师开拔到索尔兹伯里平原，进行临战训练。蒙哥马利已经完全恢复健康，并协助麦肯齐将军对104旅的新兵进行了训练。这些士兵最终都是可以在战场上所向披靡的精锐。

1916年1月，随着战事的升级和蔓延，蒙哥马利所在的104旅结束了练兵，奉命开赴法国前线参加战斗。1月29日，麦肯齐将军率领部队搭乘"阿基米得斯号"轮船，在两艘驱逐舰护卫下，从南安普敦启程，次日抵达法国勒阿弗尔。隶属35师的第104旅被编入第11军。

　　35师的第106旅的旅参谋长托姆斯上尉也是一个年轻人。在一次次的合作中，托姆斯上尉很快和蒙哥马利成为好朋友。两个人经常在一起谈论军事理论以及有关战争的一些问题。一次，托姆斯问起蒙哥马利在伊珀尔战役中的负伤情况，对那场战役印象极其深刻的蒙哥马利萌生了重游故地的念头。2月22日，蒙哥马利和托姆斯两个人骑着自行车赶到了梅特朗。昔日的战场如今已成了埋葬阵亡将士的墓地。他中弹倒地的地方依然如故，没有什么变化。站在那儿，蒙哥马利想起了那位为救他而牺牲的士兵以及战争中阵亡的无数将士和友人，更加坚定了想要快速结束战争的想法。

　　然而，战争却越来越残酷。1916年3月7日，第104旅接替第38师开赴里奇堡附近的作战地区。此前，驻军此地的38师所辖的4个营几乎一直都在参加战斗。冲上前线后没几天，部队奉命对敌战壕发动一次大规模的突击。此任务由第17营承担。准备工作非常详细，突击部队曾在模拟的地形上反复演练。但是，突击结果却是一败涂地。蒙哥马利的表兄瓦伦丁在这次突击中头部中弹，送到医院，经抢救无效死亡。

　　春季到来，并没有让战场环境变得更好。相反，由于温度的升高，冬天里的积雪和坚冰都开始融化，加上阴雨连绵的天气，使得战场上泥泞不堪，对于不得不住在战壕中的士兵来说，这样的环境简直糟透了。

　　日子总是要继续的，每天上午9时半或10时，蒙哥马利和麦肯齐将军都到各战壕与岗哨巡视，食用简单的午餐，直到下午4时30分才回去更衣。同时会利用下午茶的时间讨论发现的问题。蒙哥马利作为参谋长，每天要负责提出三份状况报告。他思考缜密，反应灵敏，遇事沉着镇定，办事有条不紊，还吃苦耐劳，深受各营以及麦肯齐旅长的信任。因此，麦肯齐将军曾多次向上级建议给蒙哥马利荣誉晋升以及较高阶层的参谋职务。

对于晋升这一点，蒙哥马利个人并没抱什么希望。蒙哥马利在工作上确实勤勉肯干，甚至挑起了全旅的工作担子。可是，作为战争中的一部分，35师并没有什么明显和重大的行动和成就，在这种情况下，蒙哥马利想要获得晋升其实是很困难的。抛开这一点，麦肯齐将军被调离104旅也对蒙哥马利的晋升产生一定的影响。

对麦肯齐旅长的调离，蒙哥马利很是遗憾。56岁的麦肯齐是一位很有资历的老将军，他为人和善，与蒙哥马利相处得也不错。他被调回英国，是迫于战争局势的需要，年事已高的麦肯齐将军在治军方面，大多偏于古板而无法跟上时代，对于第一次世界大战残酷的现状来说，军中迫切需要的是年轻、顺应时代的领袖。针对这一点，1916年4月，第35师接替第8师调防北部的弗勒贝克斯地区后，包括麦肯齐准将等三位军官均被调回英国，并由年轻的军官接替了他们的职务。

新任的第104旅旅长桑迪兰兹将军年仅 40 岁。在他的指挥下，蒙哥马利的生活和工作习惯与原来有所不同。他每天6时15分起床，7时早餐，7时45分出巡。但他已不再时时刻刻与旅长共同行动。下午照例是视察工作与草拟计划，晚间休息。

在104旅做参谋长的这段经历，对于蒙哥马利日后的作为有着极其重要的作用。麦肯齐将军曾给予蒙哥马利自由和鼓励，使他在旅里得以施展自己的才华。桑迪兰兹将军则是让蒙哥马利领悟了旅长职务本质的人。在驻防弗勒贝克斯期间，桑迪兰兹毫无隐藏地教授并让蒙哥马利了解到旅长同其炮兵和工程兵之间的关系以及身为一个军中领导者所要具备的觉悟和素质，这对于他的前途来说是极其重要的。

4. 最艰苦的战争

1916年春，原本对凡尔登战役能够取得战略性突破并寄予希望的法国军队虽浴血奋战，但伤亡惨重。在这种情况下，为了减轻盟军的压力，原定由英法联军共同进行的索姆河战役不得不被迫改变计划。7月，由英军独自发起的索姆河战役拉开序幕。

这是一场胜算渺茫的战斗。仅在开始战斗的第一天，英军就耗费了大量的兵力，57000人的伤亡名单中，阵亡者高达19000人。为了牵制住在索姆河地区的全部德军，引出德军预备队，英军决定在远离索姆河地区的纳维沙佩尔进行佯攻。对于此次佯攻，第104旅的旅长桑迪兰兹曾明确地对上级参谋部门以及部属蒙哥马利说，"由于缺乏奇袭之力，势将难逃惨败的厄运"。这意见并未能够引起上级部门的重视，6月中旬，第39师的一个旅接替被调回后方休整的104旅，对纳维沙佩尔猪头山地区发动攻击，第104旅暂时躲过了这场劫难。

佯攻从一开始就遭遇了严重的挫折，然而英军总司令黑格并没有兑现其"如若遭遇严重挫折，即收回命令"的诺言，这种近乎于"自杀式"的进攻不得不一直持续，第104旅终于被拖入了泥潭。

7月20日，第104旅奉命接替前线第105旅的防务，参加那场"自杀式"进攻。在第104旅抵达交战地之前，第105旅第23曼彻斯特团已经遭到敌军密集的炮火攻击，伤亡大半。第104旅紧随其后进行了三次大规模进攻，均未能取得成绩。7月23日，第104旅被抽调回来，重新整顿，补充新兵。在短暂的休整之后，第104旅再次赶赴战场。英、德双方的大炮昼夜不停地轰击对方的阵地，所有的一切已被炸成灰烬，整个战场已是一片废墟。

从7月20日到27日，第104旅已损失近千人。就一个旅来说，这是个骇人听闻的数字。然而，黑格并没有从这些灾难中吸取教训，进攻仍在进行。7月31日，第104旅终于在支离破碎、疲惫不堪的状况下，从第一线撤了下来。

在这场为期十日的短暂进攻中，蒙哥马利几次险遭不测，但都侥幸逃脱。7月23日，在蒙哥马利和一名军官出去执行重要的侦察任务途中，就有4发8英寸炮弹在他们附近爆炸，随行的军官头部被弹片击中，而他却毫发未损。7月26日，蒙哥马利在协助阵地上的一个营后撤时，遭到德军狙击手追踪射击，被他侥幸躲过。8月27日，蒙哥马利终于有机会为远在英国的母亲写信，在信中不乏提及对于劫后余生的庆幸，希望战争胜利的迫切心情。即便是在伤亡极大的情况下，蒙哥马利对于整个战局仍是一直抱着极大的乐观主义，在以往的数次家信中，他多次提到战事顺利，并认为英军必胜。

实际上，1916年的战局并不乐观。11月18日，当英军总司令黑格终于在连番受挫中下令暂时停止进攻时，英军已有上百万的伤亡，可盟军的战线几乎纹丝未动。与此同时，一直盯着在凡尔登战役中的法国盟军，取得的结果也是一样。

1917年1月18日，第35师师长休假，桑迪兰兹准将代理师长。22日，第104步兵旅的参谋长伯纳德·蒙哥马利上尉被调往第33师担任二级参谋，军衔未变。

1917年的战局，和1916年的战局一样难以振奋人心。4月，黑格又组织了一次对德军兴登堡防线的攻势。这次的战斗结果依然十分糟糕，德军早在两个月前就已经井然有序地撤退到这条从上一年秋初就开始构筑的防线上。再次遭受巨大的伤亡后，这场史称"阿拉斯之战"的战役成了一战史上"最艰苦的战争"。

阿拉斯之战始于1917年4月9日。面对这条德军构筑了半年的坚固防线，正面攻击显然不会奏效。因此，第33师奉命从兴登堡防线北翼突入。第33师将两辆坦克配属第100旅，令其首先发动攻击。经过一番战斗，第100旅终于突破德军的一线阵地。进攻的第一天稍有进展，第二天却严重受阻，停滞不前，远远无法达到黑格所指定的目标。原用于扩张战果的预备队，在最初的攻势受阻之后，即被逐批投入当前的战斗，前线的部队很快筋疲力尽，渐渐无法抵挡敌军的"反攻击"。11日傍晚，第33师奉命援助艾伦比将军指挥的第7军，投入激战。随后，第33师又被派往英国第3军团右翼，接替第21师。此时，英军的攻势已被遏止，但黑格仍坚持继续发动进攻。4月23日天刚蒙蒙亮，英军以破釜沉舟之势向德军阵地展开疯狂攻击。第33师有一个旅配合第1皇后兵团行动，其他3个旅在其他地域作战。血和牺牲换来了兴登堡战线的第一道战壕，但在德军随后组织的反攻下，战况再次胶着。到27日，第33师仅向前推进了一英里，其代价是伤亡3000余人。英军在4月份的战斗中，伤亡多达12万人。

对于阿拉斯之战中惨重流血牺牲带来的真实教训，蒙哥马利并不是十分清楚。这次他并未投入前线战斗，而是把全部精力投入参谋工作，潜心研究统一指挥、集中使用师的炮兵火力、空中侦察和如何才能迅速得到战斗进展的准确情报等问题。

伯纳德·卢·蒙哥马利，1917年7月6日晋升第9军的二级参谋，军衔仍为上尉。对此，他并不在意，他更注重的是自己的职责。当时的第9军共有二级参谋3个，当一级参谋不在时，按照军衔与资历，其职务由其他两位中的一位负责。但上级军官常将职责交给年轻的蒙哥马利，可见他被受重视的程度。

1917年秋季，英军在伊珀尔地区再度对德军发动攻势。经过9月20日、26日和10月4日三次攻势，"伊珀尔之战的第三个回合"终于取得了喜人的战果。

由于在第三次伊珀尔战役中表现突出，1917年10月底，蒙哥马利再次获得晋升，成为第9军的一级参谋。

5. 光明的转机

1918年1月，在俄国十月革命中苏维埃政府取得胜利并宣布：俄国退出战争。这时，美国虽已对德宣战，但其兵力还不能完全运送到战场。这让德军在欧洲战场上一个时期内取得了优势。趁机，德军决定于1918年春季对英法两军发动攻势，力争在美军主力到达前取得胜利，以加强西部防线。

为了在美国盟军的到来前争取时间，英法两军必须遏制住德军的进攻势头。

1918年1月30日，第9军所属各师被抽调回来作为军团预备队，军部隶属第5军团。7周后，就德军发动进攻时英军将如何进行防御作战这一问题，蒙哥马利随同第9军的参谋部同僚不辞辛劳地跑到法军战场去观察地形、熟悉情况，加以研究。他们于3月15日举行了一次参谋演习。由于意见分歧，这次参谋演习并未解决实质性问题。

4月9日，德军再一次发起大规模的进攻，他们在晨雾中施放芥子毒气用以开道，向联军的防线内楔入40英里，猛烈的进攻几乎阻断了英军全部的通讯。德军统帅鲁登道夫打算迂回到英法联军后侧，将两国盟军驱赶至海峡地区，但这一举动并未取得成功。第9

军在德军的进攻下，在英军防线的坎米尔山地区与敌军整整苦战了10天，以惨重的伤亡换取了防线的稳固，阻止了德军的攻势。4月20日，第9军将防务交给法军，法军接防后不久，坎米尔高地即告失守。

5月10日，第9军奉命接管了法国第38军的长达15英里的弧形防线，在防线支离破碎的情况下，与德军再次进行了激战。

5月26日凌晨1点，德军为了一挽劣势，对英法联军结合部实行了中央突破计划，集中了三千多门火炮对正面联军进行轰炸。面对德军进攻，势单力薄的第9军实施运动战斗策略，节节防御，仍然力不能敌。四天后，第19师还保有战斗力的第9军已退到埃纳河畔，再无可退之处。经过商讨，第9军部参谋部决定将残余部队重新集结整编后统一由第19师指挥。此后的战斗中第19师表现出了惊人的战斗力，直到增援部队到来之前，无论德军发起怎样的进攻，第19师防线始终没有后退一步。这一战，蒙哥马利的表现令人刮目相看。在复杂而残酷的作战条件下，他乐观的态度一直将自己保持在一种镇定自若的状态，尤其在战斗形势的把握上，他做得极为精准，已经可以看成是一位成熟的作战参谋了。

7月16日，蒙哥马利被晋升为战时中校，调任第3军第47师的一级参谋。

第47师的师长戈林奇少将是当时军中资格最老的少将，他的资历甚至超过了几乎所有的军长。戈林奇少将脾气古怪，人缘不佳，所以一直没能升迁。蒙哥马利郁郁寡欢的个性和对待工作的狂热程度，让戈林奇少将仿佛看到了年轻时的自己。出于对蒙哥马利的欣赏和重视，戈林奇少将有意栽培他，将全师的行政事务都交给蒙哥马利负责，给了他充分施展才华的机会。

蒙哥马利接管第47师的参谋后，不浪费时间，很快便发出第一道指示——"第47师防御计划"。这份计划简洁明了地叙述了第47

师的防御责任和防御策略、在受到德军攻击时要采取的行动，包括师部在预警各旅时的代号与呼叫信号、预备队的部署和对步兵、炮兵、机枪、通信兵、坦克等的处置。

随着时间的推移，战争的局势逐渐明朗化。随着美军源源不断地奔赴欧洲战场，鲁登道夫所率德军攻势颓势已现，德国的战败已经没有悬念。英军在陆续到来的美军的支援下，开始准备向法国、比利时边境地区发动进攻。针对这一形势，蒙哥马利于8月18日向第47师全体发出"进攻作战指示"，要求部队按照他的计划，切实加强演练。到上级下达攻击令时，蒙哥马利已经向部队发出了7道预备命令。在8月22日奉命夺取快活谷的战役中，经过长期训练的第47师很快完成了战斗目标。

9月份，第47师奉命赶赴圣波尔参加战斗。9月30日，第47师自第5军团转编至第13军，由伯德伍德将军指挥。第二天，又被划拨到黑京中将指挥的11军帐下。此时，第一次世界大战已经接近尾声。

这一段时间，是蒙哥马利自一战爆发以来相对比较清闲的时间。在此期间，蒙哥马利总结了自参战以来历次战斗的经验和教训，并开始学习如何改进作战指挥，提高作战效率。尤其对于战争中各高级指挥部门如何迅速或者提供准确情报这一点，蒙哥马利重点进行了摸索和研究。

蒙哥马利在印度驻防期间，曾以优异的成绩通过了陆军通信专业测试。在研究怎样准确获取情报的问题上，他想到了利用当时英军军中使用的无线电设备。凭着他的认识，设计了一种系统，即向各个指挥所派遣携带无线电设备的军官，并进行信息交流。但此系统也并不完全可靠，因当时可投入使用的远距离无线电设备器材过于庞大、不宜携带，他所设计的通讯系统是携带相对便捷但通讯距离与性能大大削弱的无线电器材，总体的收效不错，但也只能临时凑合。在第二次世界大战中这初具雏形的通讯系统被蒙哥马利加以发明，并发挥了很好的作用。

　　1918年11月11日，德国政府投降，第一次世界大战正式宣告结束。

第三章　短暂的和平与唯一的爱情

1. 梦寐以求的坎伯利

第一次世界大战是欧洲历史上破坏性最强的战争之一。约有6500万人投入了这场同盟国与协约国之间的战斗与角逐，1000多万人再也无法回到自己的祖国和家乡。大战造成的经济损失达1700亿美元，对整个欧洲来说都是难以弥补的损失。现在，这场战争终于结束了。

随着归国的远征军，蒙哥马利回到了伦敦。

为了适应随着战争结束而到来的和平时期，英国当局必须对军队以及军官的编制进行调整。在将军队精简为和平时期所需的规模后，所有军官一律降级。原本隶属第11军第47师一级参谋的蒙哥马利被调任为驻德国科隆的英国占领军总部二级参谋。

在刚刚过去的那场战争中，初上战场的蒙哥马利并没有起到太大的作用。他如同沧海一粟，一战浪潮带给他更多的是经验和教训，一战中经历的数次战斗在他的心中留下了不可磨灭的印象。蒙哥马利清楚地认识到，军事是一个军人一生都不能停止研究的学问，一个称职的军人不仅要做到服从命令，而且还要对战争有着透彻的研究和了解。他决心将毕生的精力献身于此，将军事学问放在重中之重的位置，掌握它全部的奥秘。

不过，对于究竟如何贯彻这一想法，蒙哥马利并不十分清楚。出身于平民家庭的蒙哥马利在军队里没有什么靠山，也没有一个可以为他解惑和指明道路的老师。不过有一点他是可以确定的，那就是想要在军界发展，就必须去参谋学院深造。

在当时的英国，对服役军官来说，除了桑赫斯特皇家军事学院外，能够为他们提供学习和深造的地方就是坎伯利参谋学院。坎伯利参谋学院并非一所正规的全日制式军校，第一次世界大战期间，坎伯利参谋学院一度停办，直到战争结束后才重新开办。

1919年，坎伯利参谋学院恢复了招生。参谋学院的第一期是一个短训班，主要就是为参战军官开设。想要参训的军官可以凭借作战记录不经考试即可入学。但是这一期，蒙哥马利并未如愿。他只好将希望放在第二期。

学院的第二期于1920年1月开学，学制一年。但是在公布第二期学员名单时，蒙哥马利再次落选。要说原因，则是因为他在军中没有靠山。从小，蒙哥马利就不是一个轻言放弃的人，倔强的他对此决不罢休，铁了心一定要进入坎伯利参谋学院学习深造。

当时驻德的英国占领军总司令是威廉·罗伯逊爵士。罗伯逊爵士在 1915 年至 1918 年间曾任帝国参谋总长，是从士兵逐级升到元帅的第一人，他年轻时也经历了许多周折和坎坷，对年轻人抱有同情心，这样的人一定能够对蒙哥马利有所帮助。但是，蒙哥马利并不认识威廉·罗伯逊爵士。

就在蒙哥马利为此苦恼之时，机会来了。一天，喜欢打球的罗伯逊爵士邀请向来以爱好运动出名的蒙哥马利到自己的家里打球。这简直是天赐良机，而蒙哥马利幸运地抓住了这个机会。在休息时，蒙哥马利向罗伯逊爵士诉说了自己的苦恼和愿望。

蒙哥马利的执着和对军事的热情感动了这位司令，罗伯逊爵士决心帮助这个年轻人。几天后，蒙哥马利收到了坎伯利参谋学院的信函，通知他在1920年1月到坎伯利参谋学院报到。

在等待去学习的日子里，蒙哥马利的职务再次变动。在1919年5月15日，他奉命担任驻扎在科隆附近的皇家燧发枪团第17营营长。第17营此时的状况很糟，前任营长刚离职，新兵毫无作战经验，老兵又想复员。对于其他军官来说，此番调动并不喜人，但这并没有难倒蒙哥马利。走马上任不久，他就控制住局势，让第17营焕然一新。查普曼是当时的副营长、后来成为英帝国勋章获得者、国会议员，他在后来的回忆中说：

"有一天，一个名叫蒙哥马利的莽撞家伙来到我们营就任营长。我们了解的有关他的情况是他曾经受过伤，是从参谋部来的。但他很快就把这个营控制住了。他用操练和体育运动使这个营振作起来。他为士兵们提供条件，使他们对运动会、竞赛以及诸如此类的事产生兴趣。他像是一个热心的童子军领队。"

蒙哥马利的训练卓有成效。11月份，这个营被裁减的时候，营中士兵在军事素质和精神面貌方面都有了非常大的改观。离开第17营，蒙哥马利得到了从夏天开始就想要的假期，在圣诞节的时候，回到伦敦与家人团聚。

1920年1月22日，蒙哥马利终于跨入了梦寐以求的坎伯利参谋学院。在这里，他本想接受系统的理论学习，还迫不及待地想要对从古至今的军事理论学说进行一番透彻的研究，为此他对学院中的打猎、社交活动表现得并不热衷。可是，他很快就发现了他对于学院的教官们期望值过高。坎伯利参谋学院的教官们大多是在讲授过去军事教科书上的陈词滥调，他们没有注意到第一次世界大战给未来战争所昭示的新的方向。

著名的战地记者艾伦·穆尔黑德描写蒙哥马利在参谋学院学习期间的生活时，这样写道：

"对他以及一些曾到过法国的有作战经验的年轻人来说，参谋学院的课程'全是胡闹'，是完全过时的不现实的东西。特别是蒙哥马利，学校方面把他看成一个好争吵和好辩论的人，认为他有点'布尔什维克'的味道。他认为自己比教官或其他人都知道得多。为期一年的训练班学习生活，蒙哥马利和他的同学们是在互相揶揄、嘲笑和争论中度过的。"

1920年12月，结束了一年学习生活的蒙哥马利与他的同学们都得以顺利毕业。在坎伯利参谋学院毕业后，他被分配到了当时英国最好的几个旅之———驻爱尔科克的第17旅，任旅参谋长。此时，该旅正在爱尔兰参加对新芬党的战争。

2. 战争的启示

就任第17旅参谋长后，蒙哥马利直接投入了工作——镇压南爱尔兰的新芬党争取独立的活动。

新芬党成立于1905年，口号是"爱尔兰人的爱尔兰"，旨在争取爱尔兰独立。其左翼参加了1916年的都柏林起义，1919—1921年又开展了反英游击战争。

在历史上因蒙哥马利家族有很长的一段时间定居于爱尔兰，也可以说他的父母都是爱尔兰基督教的子民。虽然，蒙哥马利家族的多数土地都已被爱尔兰强行没收，但他的家族产业仍然留在爱尔兰。爱尔兰一旦独立或平分，蒙哥马利家人的地位与安全一定会大受影响。1920年的11月12日，也就是在蒙哥马利毕业的前夕，与他感情最好的堂兄豪休·蒙哥马利中校，在新芬党的游击活动中被暗杀。在此情形下，蒙哥马利怀着无比沉重的心情到达科克第17步兵旅。

第17步兵旅是爱尔兰境内最大的一个旅，共统辖9个营，由希金森准将指挥。起初，蒙哥马利与所有高级军官一样，相信英军可以把作乱的新芬党打垮，并着手将第17步兵旅的兵力部署在最有利的位置上，同时在科克城内设立了一个特别情报单位。后来，经过几个月的观察总结和深思熟虑，他对这场战争有了新的看法。在写给同僚来西瓦尔少校的信中他曾提到：

"如果继续使用武力，我们或许可以暂时将叛军打垮，但当我们将军队撤走后，叛军又会死灰复燃。我想，那些叛军可能回避战斗，把武器藏起来，等待我们离开。所以，唯一的办法是让爱尔兰人组成某种形式的自治政府，自己去平息叛乱。他们自己才是唯一真正能够做得到的人。就我们所知，爱尔兰人目前仍在努力去做，并且他们似乎已取得相当的成就。"

蒙哥马利对于战局政策态度的转变，表明他已学会重新考虑自己的意见，并能根据客观事实的发展加以修正。

最终，爱尔兰还是未能逃脱被分裂的命运。右翼新芬党于1921年同英国政府签约，割裂了爱尔兰：北部仍属英国，南部成立爱尔兰自由联邦。对于这场战争，蒙哥马利有许多看法，他认为：

"这场战争在许多方面要比1918年结束的大战糟得多。它发展成为一场屠杀，到最后军人们都变得擅长杀人甚于固守自己的阵地。这样的战争对官兵都是有害的，它使军人的品德和气势下降。战争结束，让我备感欣慰。"

1922年5月19日，蒙哥马利与师、旅部的参谋最后撤离科克。5月24日，蒙哥马利从奇斯维克前往普利茅斯就任第8步兵旅参谋长。

第8步兵旅旅长汤姆·霍朗德准将是一位优秀的教官。在第8步兵旅，日常的训练与其他军队均不相同，即使再枯燥的军事训练也显得十分生动有趣。在治军方面，霍朗德准将更注重于培养忠诚和热心的军官。在他的领导和培养下，蒙哥马利对于军队的训练方面有了许多新的认识和领悟。

1923年，蒙哥马利又被调到地区自卫部队第49师任二级参谋，在查尔斯·哈林顿将军领导下工作。由于该师一级参谋职位空缺，蒙哥马利实际上任一级参谋的工作。

在该师，他针对年轻军官不安心服役的现象，决定鼓励他们都去参加坎伯参谋学院的考试。为此，他专门开办了一个"进修班"，从准备教材到授课，都由他一人负责。

"与其让年轻军官抱着越来越渺茫的升迁希望，在部队中年复一年地服役，不如让他们跳出眼前职务的框框，去憧憬未来，准备参加参谋学院的考试；与其让他们在函授中自行摸索，不如让他们在一个熟悉而又可以当面交谈的军官指导下进修。"

从蒙哥马利为"进修班"所编的教材来看，当时的他已经相当精确地理解了陆军的编组、部署、运动与战术。他认为：战术"目标总是要对敌攻击，追敌应战，并尽量歼灭敌人"；最至关重要不是土地的得失，而是自始至终都要认清军事上的战略目标。这种观念后来是他军事哲学的主要原则之一。除教学活动外，他还结合个人的经历和认识，从事军事理论研究工作。此期间，他先后发表数篇战术史论文，内容涉及步兵战术从1611年至1924年三百多年间的发展历程。

1925年3月，蒙哥马利的职位再次发生了调动，这一次，他回到了从军之初服役的皇家克里沃郡团第1营，担任A连连长。这是个让蒙哥马利十分满意的位置，部队春训到来之时，他开始大胆地实施起酝酿已久的改革方案，在他制定的训练计划中包括许多科目：利用地形地物、战地通讯、射击命令、战斗队形、排战术、巡逻侦察、夜间战斗、进攻、退却、防御、陆空协同、野战筑城、坦克支援等。这项训练改革，使蒙哥马利名声大振。A连很快成为营里的示范，并得到克里沃郡团团长甚至是陆军部的关注和肯定。

1925年7月26日，蒙哥马利被晋升为正式少校。伴随着晋升，又是一纸调令传来，蒙哥马利被陆军部派遣到坎伯利参谋学院担任教官职务。1926年1月，蒙哥马利教官到坎伯利参谋学院就职。

6年前，蒙哥马利在参谋学院学习时，曾毫不掩饰对参谋学院教学工作的失望之情。几年过后，坎伯利参谋学院已今非昔比，不少优秀的陆军军官来到参谋学院任教，通过与他们共事，蒙哥马利能够学到更多的东西，为他以后能够担负更重要的使命提升了信心和力量。

不同于在军中的普遍印象，来到坎伯利任教的蒙哥马利一改往日孤僻寡言的形象，成为一位非常卓越的老师。在讲授军事理论的课程时，蒙哥马利往往能够利用简洁明了的语言将复杂的理论用实例加以总结和分析，并能从中提出自己的观点加以讲解。这一点使他的课程在参谋学院深受欢迎。

这时期，蒙哥马利结识了他未来的上级、参谋学院的研究室主任艾伦·布鲁克并与之一见如故。布鲁克敏锐的思维和深远的眼光深深地折服了一向自视甚高的蒙哥马利，而布鲁克也认为蒙哥马利并非平凡之辈，对他多有关照和提携。蒙哥马利与布鲁克的友谊对于他日后能够成长为第二次世界大战最杰出的将帅之一，有着极为重要的意义。

3. 邂逅贝蒂

执教坎伯利的一段人生不仅对蒙哥马利的军事生涯有着重要的影响，同时在这期间，他也完成了一个人一生中非常重要的事——结成了美满的婚姻。

直到 1925 年，蒙哥马利在个人感情方面，一直完全生活在他母亲的阴影之中。尽管随着年龄的增长，童年时期对母亲的惧怕和逆反渐渐变为一种尊敬之情，但蒙哥马利内心的缺憾却无法填补。他渴望得到母亲的爱，不断向母亲表明自己的爱心，但却屡屡被母亲冷漠地拒绝，这使他毫无办法。蒙哥马利专心致志投入军旅事业，满腔激情的他几乎被当成是工作狂。然而除此之外，他也只能将自己丰富的感情倾注在自己的妹妹温莎身上。现在，妹妹温莎已经出嫁了，他对于工作的狂热达到了前所未有的程度。

蒙哥马利对于工作的狂热引来了不少无聊的军官的议论，他们甚至嘲笑这位工作狂说："军队就是蒙哥马利那家伙的老婆。"对此，蒙哥马利并不生气，从小生长于天主教徒家庭中的他本身在生活上就充满了禁欲主义的风格。38岁依然单身的他曾对自己的同僚们表示，陆军和天主教一样，一个人若真的对他虔诚，就得保持独身。因为"你不可能做一位好军人，同时又是一位好丈夫"。

但是，蒙哥马利一直所坚持的信条被他自己所打破了。就在1926年，蒙哥马利遇到了他一生中的挚爱——贝蒂·卡弗。

这一年的1月，即将到坎伯利参谋学院就职的蒙哥马利趁着难得的假期前往瑞士伦科度假，在一次愉快的滑雪中，他遇见了陪着自己两个孩子学习滑雪的贝蒂·卡弗。贝蒂的两个男孩一个11岁、一个13岁，非常好动而且活跃，令喜好运动的蒙哥马利很是关注。很快他便与他们的母亲开始了交谈。在交谈中，蒙哥马利得知贝蒂·卡弗原来是自己1920年在参谋学院进修时的同学斯坦利·霍巴特的姐姐。她的另一个哥哥他也认识，就是因极力鼓吹坦克战而名噪军中的帕特里克·霍巴特。这让他对这位女性又多了一重亲切感。他们很快成了好朋友。

贝蒂·卡弗原名贝蒂·霍巴特，她的丈夫瓦尔多·卡弗也是一名陆军军官，在1915年的加里波战役中不幸阵亡。为此，她和两个孩子非常憎恨战争，憎恨与军人有关的一切事情。

1927年1月，蒙哥马利再次到瑞士旅行度假，在伦科，他又一次见到了贝蒂·卡弗和她的两个孩子。出乎意料的重逢，两人都感到惊讶和愉快，这一次他们对彼此都有了更深的了解。贝蒂的相貌并不出众，但她温柔善良，性格随和。除了母亲与妹妹之外极少与女人打交道的蒙哥马利在贝蒂的面前丝毫不会感到局促和紧张，他很快将自己一直以来的信念抛诸脑后，假期结束的时候，他已然坠入了情网。

贝蒂尽管憎恨战争和与军人有关的事情，但对这位沉默寡言、貌不惊人的军官，仍然难以抑制欣赏之情。在她看来，蒙哥马利并不会如家人所认为的一般籍籍无名，相反地，有着非凡之才的他，想要出人头地只是时间问题。贝蒂已经经历过婚姻和生离死别，她的爱深沉而丰富，对于偶尔在态度上有些专横的蒙哥马利，她仍然给予毫不迟疑的爱，并且温柔地照顾他。

彼此欣赏的两人一下子陷入了热恋。从这年春天开始，他们频频见面，却一直没有论及婚嫁。对蒙哥马利来说，一直以来不讨母亲喜爱的阴影让他对自己缺乏信心，生怕一开口会遭到拒绝。最后，还是由性格开朗、不拘小节的贝蒂用一个小小的手腕儿打破了僵局。

1927 年复活节那天，贝蒂提议与他一道去看看她儿子约翰的学校，蒙哥马利欣然同意。当走近手球场时，贝蒂对蒙哥马利说，也许人们已开始对他们俩窃窃私语，提议暂时停止见面。蒙哥马利不同意，同她争辩，但贝蒂坚持不肯改变自己的决定。这可让蒙哥马利急了，马上对她说："别傻了，贝蒂，我爱你。"贝蒂哭了，蒙哥马利紧张地松了一口气，紧紧地抱住了她。

7 月 27 日，他们在伦敦举行了婚礼。

结婚对蒙哥马利来说是一个重要的转折，他终于意识到自己有了一个家，并从中感到了前所未有的幸福和快乐。他将自己一直以来压抑于内心的情感全部倾注于妻子身上，将之视若珍宝。为了让贝蒂有更多的时间做自己喜欢的事情，蒙哥马利承担起了家中的一切琐事。军人的习性让蒙哥马利在家庭管理中难免显得生硬和刻板，但贝蒂并不在乎，她的哥哥帕特里克·霍巴特对妹妹同这样一位粗声粗气而又飞扬跋扈的军官的结合很是不解，但这对夫妻却好得如胶似漆，形影不离。

1927年圣诞，再也不是孤身一人的蒙哥马利带领全家前往瑞士度假，比起前两次的经历，这一次的假期丰富有趣了许多，蒙哥马利的心境也已经截然不同。在回程的航船上，蒙哥马利得到了另一个惊喜，贝蒂怀孕了。

1928年8月，在蒙哥马利参谋学院的家里，贝蒂给蒙哥马利生了一个儿子，欣喜若狂的蒙哥马利给孩子起名为戴维·蒙哥马利，把他视为自己生命的延续。

1928年的冬天，蒙哥马利在坎伯利参谋学院的三年任职期满。此时，蒙哥马利已晋升为准中校，今后的去处成了一直在他心头萦绕的问题。经过一番深思熟虑，他决定回老部队皇家沃里克郡团第一营，在那儿，他有一些老朋友，工作起来会比较愉快。

回到皇家沃里克郡团后，他被任命为该营的副营长。1931年1月17日，蒙哥马利正式晋升为该营营长。从毕业于桑赫斯特来此服役到胜任营长，时间已经过去了23年，23年才干到营长，蒙哥马利的仕途进展得显然太慢了。

4. 驻防海外

蒙哥马利就任营长后没多久，由于防务调动，已经驻留英国多年的皇家沃里克郡团奉令调防海外，这不禁让蒙哥马利想起了23年前自己前往印度驻防时的情景，这一次，他们的目的地是巴勒斯坦。

巴勒斯坦是基督教、犹太教、伊斯兰教三教圣地，此时正是英国的属地。这一回，第1营将负责该地区的全部警备任务。蒙哥马利的父亲——亨利主教听到他的第三子将率领一个营前往圣地戍防，非常高兴。当然，对于从小就是基督徒的蒙哥马利来说，这同样让他欣喜若狂。1931年1月初，皇家沃里克郡团第1营从南安普敦启航，前往塞德港，再从那里搭乘火车前往耶路撒冷。

到达巴勒斯坦后，蒙哥马利很快发现自己实际上已经成为驻巴勒斯坦英军的总指挥官。他不仅要指挥驻在当地的英军，还要与驻叙利亚、外约旦和黎巴嫩的军队保持接触和联系。他不得不每天往返很多地方，忙得不可开交。这使蒙哥马利第一次体会到担任高层军官的责任与权力，并开始为之所吸引。在以后几年里，他多次拒绝上级让他担任高级参谋的职务变动，对参谋的工作再也没有兴趣了。比起虚名，实际的权利更让他感到着迷。

1931 年 6 月，贝蒂带着戴维来到巴勒斯坦，约翰·卡弗也在暑假时赶来，一家人在经过一段时间的分别后，终于团聚了。蒙哥马利带着妻子走遍了佩特拉、杰拉什、大马士革和巴勒贝克等地，到处观光游览。喜好绘画的贝蒂非常喜爱这个国家，过得十分愉快。她不时拿起画笔，画下她感受最深的景色。而蒙哥马利对妻子的呵护和关爱，也给他的同僚留下了深刻的印象。曾经在蒙哥马利家做客的理查德·奥康纳爵士回忆说："那时蒙哥马利的妻子还活着，我对他们家每天早餐后的那一套仪式很感兴趣。他家庭的全体工作人员都排好队站着，听他给每一个人下达有关做家务活的命令，但他的妻子不参加。"

1931年底，第一营换防到埃及亚历山大港，1932年1月，蒙哥马利获得晋升，成为准上校。在晋升考核报告中，他的上司伯内特·斯图尔特将军这样写道：

"伯纳德·劳·蒙哥马利中校富有活力与雄心，是一位非常优秀的教官。他有个性，有学识，对军事问题能把握要点，迅速进入情况。以其才能，应晋升较高职位。但是伯纳德必须加强机智、忍耐和审慎等方面的修养。本人对他的才能极为赏识，特作此善意的建议。"

对于斯图尔特将军这份中肯的批评，蒙哥马利的表现是将这份报告抄了下来，并且整整保存了四十多年。对于蒙哥马利来说，如果他认为自己是对的，那么他一定会不顾一切地坚持；但如果他认为自己是错的，他一定会顺从地接受批评并加以改正。以蒙哥马利对这份报告的重视，可见这份报告在他日后的军事生涯中，起到了不小的警示作用。

驻防亚历山大期间，蒙哥马利对沙漠作战进行了详细的研究和演习。在驻埃英军举行的沙漠战术演习中，蒙哥马利取得了非常出色的成绩，也是这一时期，蒙哥马利发现并栽培提拔出了日后在军事上一直与自己相携合作的同伴——德·甘冈。在德·甘冈和当时的旅长派克的建议下蒙哥马利开始对沙漠夜间作战进行尝试。新的尝试取得了相当不错的成果，在战术演习中，蒙哥马利所指挥的部队在黎明前将对手包围，彻底粉碎了对方的计划。原本反对夜战的蒙哥马利开始将夜战作为自己军事理论的一个重要组成部分，在第二次世界大战中，他多次凭借夜战获得胜利，特别是在北非战场，蒙哥马利凭借夜间作战，成功击败了沙漠之狐隆美尔，并使战局获得了决定性的转折。

1933年底，皇家沃里克郡团第1营离开亚历山大，移防印度南部的浦那。第二年年初，蒙哥马利在休假旅行中接到驻印英军司令部发来的推荐他去设在巴基斯坦的奎达参谋学院任首席教官的电报，在这份电报中，蒙哥马利的军衔被提升为上校。6月，蒙哥马利离开皇家克里沃郡团第1营，携全家乘火车来到奎达参谋学院就任，并主教作战指挥技术和参谋业务。比照坎伯利执教时期，蒙哥马利在军事上有了更加丰富的经验和见解，对于此次的任命，他显得热情洋溢。

在奎达，蒙哥马利运用非常独特的教学方法，很快得到了学生的喜爱。蒙哥马利的课程从不刻板枯燥，他常常在讲台上侃侃而谈，将自己的真知灼见和对战术的理解清晰地传达给学生们。蒙哥马利的课程给这一时期听过他讲课的学生们留下了深刻的印象，他的学生之一，达德利·沃德将军在回忆蒙哥马利的战术课时，说："当时我们都感到，能听到他（蒙哥马利）那样知识渊博的人讲授军人行业中较高层次的学识，是件十分荣幸的事。后来我们个人能在军事能力方面有所发展，全有赖于他的教导和战术原则。"不仅如此，蒙哥马利这时还表现出了对战略和国际关系问题的关注。1936年，他在一节课中，曾就世界形势说了这样一席话，令沃德永远难忘。蒙哥马利说："一旦希特勒德国已经重新武装好了，并且弄清楚我们还没有作好准备，战争就要爆发。"

蒙哥马利在驻防巴勒斯坦以及执教奎达期间的表现，使他得到了陆军部的重视。1937年6月，蒙哥马利在奎达的任职期满，而驻在本土朴茨茅斯的第9步兵旅的旅长职位恰好空缺，于是陆军部便任命蒙哥马利就任第9旅旅长，并从接任新职务起，军衔升至准将。至此，蒙哥马利终于实现成为一名将军的心愿，这可以说是他军人生涯中的一个重要里程碑。

5. 痛失爱侣

受命返回英国的蒙哥马利获得了两个月的假期，难得可以与妻子度过闲适时光的他带着贝蒂一起驱车游览了兰开夏北部湖区，探望了一些许久不见的老朋友。这一时期，贝蒂的身体比较以前虚弱了不少，也很容易疲劳。不过，她依然每天都很快乐。

8月底，蒙哥马利的假期结束了，在即将赶回第9旅指挥例行演习之前，他安排贝蒂与儿子戴维去与此时已经搬往爱尔兰故居的家人同住。半个月之后，又将他们接到离自己营房较近的伯纳姆度假，在伯纳姆滨海的一家旅馆中。贝蒂在此度过了一段快乐的时光，但这一安排却让日后的蒙哥马利追悔莫及。

夏末，蒙哥马利一边忙着指挥第9旅的军队演习，一边着手装修即将搬迁的新居，他每日忙碌着，希望能够早日给心爱的妻子一个崭新的家。蒙哥马利没有想到，厄运就要悄悄降临到他幸福的家庭——贝蒂病了。一天下午，当贝蒂领着戴维在海滩上玩耍时，她的脚被一只说不出名字的虫子叮了一口。贝蒂起初没有在意，当晚，她的脚就开始了肿痛。匆匆赶来的医生很快将贝蒂送到了当地的医院，并通知了蒙哥马利。

蒙哥马利很快赶了回来，起初，他以为贝蒂的伤口只是一点小问题。所以在贝蒂的劝说下，他回到军营，继续忙着演习和搬家的事。在贝蒂住院期间，蒙哥马利很快完成了新居的装修，就等着贝蒂康复后住进去，儿子戴维也结束了暑假回到学校去上学。

出乎蒙哥马利的预料，贝蒂的病情越来越严重了。她的伤口表面上看起来没事，里面却肿痛得厉害，以至于到了无法下床的地步。蒙哥马利打算放下第9旅的演习来陪她，但贝蒂不想耽误蒙哥马利的工作，坚决不同意。蒙哥马利只好在白天的时间里尽可能多地完成军营的工作，到了晚上则驱车赶到一百多英里外的伯纳姆陪伴妻子。

贝蒂的病时好时坏，她凭借着自己的意志苦苦与命运抗争，甚至不让霍巴特家族的自己的亲人来看望她。蒙哥马利几次想要将妻子接到新居，但是贝蒂的身体状况太糟了，不能承受路上的颠簸，医生也不允许这样做。没过多久，严重的病痛越来越让她难以忍受，贝蒂开始昏迷。医生告诉蒙哥马利，如果想要贝蒂活下去的话，唯一的希望就是截肢，借此制止毒素的扩散。没有想到问题竟然这样严重，但看着痛苦的妻子，蒙哥马利抱着一线希望同意了医生的建议。

截肢之后贝蒂的病情没有得到好转，毒素继续扩散，已经无法控制。医生和护士都尽了最大的努力，但经由那个微小伤口染上的败血症让贝蒂病入膏肓，谁都知道，这位温柔的女性就要离开了。在最后的日子里，毫无办法的蒙哥马利只能将希望寄托在自幼信仰的神明之上，他常常把贝蒂搂在怀里，轻声为她朗诵《圣经》中的诗篇，希望上帝能够给他带来奇迹。但这一天终于来了，1937年10月19日，贝蒂在蒙哥马利怀中逝去。这天夜里，陪伴蒙哥马利的只剩下那首没被朗诵完的第23首赞美诗。

贝蒂的葬礼非常简单，蒙哥马利以他自己的方式与心爱的妻子作了告别。他把贝蒂葬在伯纳姆的墓地中，独自一人在墓前吊唁，既没有通知霍巴特家族的人，也没有告知远在印度的两个继子，甚至戴维也没有来参加葬礼。

葬礼结束，蒙哥马利才赶到儿子戴维读书的学校，将母亲去世的消息告诉了他。做完这一切后，蒙哥马利回到他花了很多精力装修的朴茨茅斯的住宅，那原本应该是他和贝蒂的新居。一连很多天，蒙哥马利都把自己锁在屋子中，谁也不见。贝蒂的死给蒙哥马利带来了难以想象的打击，他在对这一不幸的记述当中说："我不相信要她受那么多痛苦后才死去是上帝的旨意，如果她非死不可，应该在那些痛苦之前。我必须极力忍受，现在我已独自回到这座空旷的大房子来定居，被迫承受极度的寂寞和忧伤。我在想我做过什么错事没有，为什么我要承受如此沉重的打击？我真不明白。我好像坠入一片黑暗之中，心灰意冷。我想，过一些时候我会恢复正常的。可是，现在我不可能。"

此时的蒙哥马利可以说是万念俱灰，精神完全垮了。从他和贝蒂组建家庭的那一天起到这时已经过去了十年。在他们共同生活的十年中，蒙哥马利感受到了家庭与爱情带给他的无限的幸福与快乐。在妻子贝蒂的影响和感染下，蒙哥马利原本爱钻牛角尖和偏执狭隘的性格缺陷乃至离群索居的意念倾向，都一点一滴地发生了改变。可以说，蒙哥马利在婚姻生活中体会到了真诚无私地去爱别人的幸福，如果不是这样，蒙哥马利绝不会成为蒙哥马利。蒙哥马利之所以能够成为二战史上耀眼的名将，他的成功与贝蒂是分不开的。从这一点上来看，整个英国都欠了贝蒂一份人情。

蒙哥马利的痛苦和煎熬一直持续了几个星期才渐渐淡化，深知贝蒂不愿意看着自己一直陷于心灵的黑夜之中，蒙哥马利决心振作起来。身为第9旅的旅长、朴茨茅斯的驻军司令，他要对当地的人们、对他的士兵们负责，他必须继续工作。身为父亲，他要为自己和贝蒂的儿子戴维着想——贝蒂的去世让他们父子成了世界上最孤独的人，他要常常去学校看望戴维，更多地关心自己的儿子。

当然，一个承受着巨大痛苦的男人想要立刻振作起来是不可能的，在相当长一段时间以后蒙哥马利才恢复了平静。在他沉浸于丧偶之痛而无法进入状态的时间里，他的同僚弗兰克·辛普森少校帮助他分担了不少工作，他们成为了非常好的朋友。在之后的许多年中，辛普森少校一直在蒙哥马利的身边辅佐，二战中，辛普森是蒙哥马利的参谋；蒙哥马利出任英参谋总长时，辛普森就做他的副手。

蒙哥马利终于能够重新开始生活，让他的朋友们松了一口气。有不少人预言蒙哥马利会再次结婚，但那是不可能的，这位曾经的单身主义者再次回归了清教徒一般的生活，终其一生也没有开始新的爱情。这段短暂的幸福婚姻的结束，使蒙哥马利的内心平衡被严重破坏，除了军事以外，他对任何事情都缺乏兴致，他把全部的热情都投入军事训练和旅长的工作中，永远地告别了情场。从此，在他的眼中只有硝烟弥漫的战场。

蒙哥马利曾说："我不相信一个人能有两次恋爱。爱上一个女人就不能再爱上另外一个女人，就像我手中的枪，只能有一个准星。我对贝蒂这样的爱，永远不可能再有第二次。"

6. 战争的脚步再次响起

冬季过后又是新的一年，时间转眼到了1938年的春天。这一年3月，以希特勒为首的纳粹德国公然违反《凡尔赛和约》中有关禁止德奥合并的条款，以武力侵吞捷克斯洛伐克。给欧洲平静的天空蒙上暴风雨将至的阴影。

此时，驻守在英国朴茨茅斯的蒙哥马利正每日忙碌着，他要把第9步兵旅训练成为英国最优秀的部队。

7月，陆军部指令第3师在斯拉普顿海滩进行有陆、海、空三军参加的登陆作战演习。举行这类演习多年以来还是第一次，也是规模非常大的一次。南部军区司令员韦维尔对这次三军联合演习抱了很大的希望。为了保证这次的作战演习取得成功，蒙哥马利与驻朴茨茅斯的各位同僚们付出了巨大的努力，也表现出许多推陈出新的想象力。尽管由于长期没有举行过大规模演习使得朴茨茅斯这一场演习算不上成功，但身为驻军司令的韦维尔却给予了蒙哥马利比较高的评价，他说，"蒙哥马利是一个奇怪的家伙，是我所见到的最能干的军官之一。"

演习结束没多久，蒙哥马利又接到命令，让他率第9旅去索尔兹伯里平原执行秘密的毒气试验任务。这次试验取得了圆满成功。在呈报陆军部的材料中，韦维尔这样写道："伯纳德·蒙哥马利准将在今年的毒气试验中所做的工作，具有很高的水平。他或许是我们当中头脑最清楚的军官和最卓越的军队训练者。"

出色的表现让蒙哥马利得到上司以及陆军部的赞扬与重视，看起来要不了多久，蒙哥马利准将的肩上就要加上一颗星了。但是，这个从小叛逆的蒙哥马利，又在关键时刻给自己制造了不小的麻烦。

当时，由于训练军队的需要，第9旅的驻军基金和部分已婚军人的福利需要增加。面对越来越大的军费开支，蒙哥马利自作主张决定将第9旅占用的克拉伦斯足球场以1500英镑的价格租借给当地银行开办休假展销会。朴茨茅斯市政当局听说这一消息后，却拒绝批准这一决定。迫于无奈，蒙哥马利亲自与市长协议：将此项收入的三分之一分给市长，终于使得这一计划得以落实。事后，蒙哥马利如约将500英镑交给市长，而余下的部分作为驻军福利很快用光了。

陆军部得知此事后，大为恼火，斥责他违反了陆军条例，擅自出租军用土地，并要求其交出1500英镑作为交代。但是他不理这一套，说钱已用完了。这下便给自己惹来了麻烦。幸运的是，南部军区司令韦维尔对陆军部驻军福利一事颇有微辞，如今看到自己的手下敢于违背陆军部的条例，改善部队福利，感到非常高兴，所以坚定地支持蒙哥马利。于是，陆军部和南方军区打了一场笔墨官司。双方文来函往，卷宗堆积如山。最终，还是不了了之。

1938年10月，蒙哥马利再次获得晋升，成为陆军少将。这时他接到调令，去担负一项他从未干过的艰巨任务——接管英军在巴勒斯坦北部的军事指挥，并将当地许多分散的部队组建成第8师。

蒙哥马利抵达巴勒斯坦后，很快就把第8师组建起来，将司令部设在海法。他在爱尔兰战时的经验在这次任务中起到了很大作用。他把自己所负责的区域划分成几个地段，每个地段指定一名指挥官负责。他建立了良好的情报系统，并加强和警察的合作。准备就绪，他发起反击：英军在夜间突围了那些骚乱多发地区，迅速没收了一切储存的武器，逮捕了所有嫌疑分子，并处理了一批人。几个月以后，那个地区被蒙哥马利控制了。巴勒斯坦最危险的局势到了1939年春天才算过去。

这个时候，英国陆军第3师师长的位置出现空缺，第3师属于南方军区，是一战时期闻名的"钢铁师"，是全国最优秀的师之一，此时已编入英国远征军。毫无疑问，一旦战争爆发，这个师将要在英军中打头阵。因此，选择谁来继任师长，必须慎重。在选拔委员会上，蒙哥马利的老上级南方军区司令韦维尔的意见起了决定性作用。韦维尔一向赏识蒙哥马利的才干，加上蒙哥马利原来所在第9旅也属于第3师，知根知底，所以他极力推荐蒙哥马利出任该师师长。他的提议获得了通过。

蒙哥马利在巴勒斯坦接到了陆军部秘书处的通知，告诉他，他已被选中在适当时候出任第3师师长，最迟不超过1939年8月。这一消息使蒙哥马利欣喜若狂。欧洲此时已战云密布，大有山雨欲来之势。这个时候接任第3师师长，意味着他将要像他多年来所盼望的那样，作为一名高级指挥官，重返疆场，为国效力。

　　原本已经计划好启程，但是在1939年5月的时候，蒙哥马利突然病倒了，甚至到了无法起床的地步。海法的陆军医院经过检查，在他的肺部发现有一块阴影，初步怀疑为肺结核。由于当地的医疗条件很差，医生们也束手无策。经过蒙哥马利的坚决要求，医院只好安排男女各两名看护以及一名勤务兵，把他送上驶往英国的船上。不知道是不是天意，海上航行居然使蒙哥马利奇迹般地康复了。当船驶入地中海时，他的脸色已逐渐红润起来；当船抵达马耳他时，他已经能够在看护的搀扶下到甲板上去眺望海上的美景；到达马赛港时，他已经能够自己走路；当轮船最终在英国靠岸时，他已一如常人。不久之后，医生告诉他，他已经完全康复了。

　　战争的脚步已越来越急了。1939年8月28日，蒙哥马利正式接任第3师师长一职。此时离德国入侵波兰的时间，只差三天。

第四章　第二次世界大战

1. 不断传来的坏消息

1919年1月，德国代表在法国贡比涅森林的火车厢中签下了战败协议，那一刻，复仇的种子已然埋在了德国人的心底。

各国心知肚明，这份协议，只是20年的休战。

果然，1939年，经过20年的休养蛰伏，德国再次将战争的火焰在欧洲大陆点燃。一把昭示着危机到来的达摩克利斯之剑高高地悬在欧洲人民的头顶。9月1日，德国出动约60个步兵师、14个装甲、摩托化师，在数千辆坦克、火炮和飞机的支援下，向波兰发起了闪电式袭击。

奇袭的消息当天就传到了英国，根据《英波条约》，英国向德国政府发出了最后通牒，同时也在国内下达了总动员令。

9月3日上午11时，面对无视警告的德国政府，英国正式对其宣战；下午5时，法国也对德国宣战。第二次世界大战在欧洲拉开了序幕。

战争伊始，蒙哥马利的第3师被编入由艾伦·布鲁克领导的第2军，他们将作为英军第一梯队在法国集结，时间不多了。

9月29日，在连续举行了通讯演习、司令部机关演习、师前进指挥所与师情报演习等一系列的战前训练后，第3师乘火车赶到南开普敦港，而后于当日午夜起航前往法国。

事实上，虽然看似动员迅速，但英国对这场新的大战并没有一个完全的准备。第一次世界大战以后，英国国内对于和平一直保持着过于乐观的态度，加之连续的经济危机，英国国力已经逐渐衰退。一战以后的20年，历届英国政府对加强军备均没有必要的认识，甚至有人断言"十年内无大战"。直到1932年，英国政府才开始讨论重整军备问题，但是这个问题在之后的6年中都没有任何实质性的进展。在这种前提下，英国在整个战事中是处于不利地位的。

英国对德宣战后，陆军部将最重要的3位将领调往远征军。戈特勋爵为原帝国参谋总长现调任英国远征军总司令，原作战和情报长官波纳尔少将与地方部队长官布朗里格少将分别被调任为远征军正副参谋长。在远征军军长的人选上，陆军部任用堪当重任的约翰·迪尔将军与艾伦·布鲁克将军为第1、2军的军长。这样的安排看起来万无一失。不过，蒙哥马利可不这样想。

他认为，任命戈特作为英国远征军司令是一个错误。这项工作超出了戈特的能力。蒙哥马利这样判断并非是处于个人的情感，相反的，蒙哥马利十分尊敬戈特，认为他是一个个性开朗且热心的朋友。早在作为一个团级军官的时候，戈特就被看做军官中的典范：为人诚恳。从不做卑鄙的事，对于军队上的了解面面俱到。但是如果作为远征军司令官，戈特确实有他的不足。在任帝国总参谋长以前，戈特在军中最高的职务就是指挥一个步兵旅。对于真正大规模的战争，戈特本人缺乏必要的经历。不仅如此，戈特的指挥系统也非常分散，总司令部与各下属部门常常分散在一个区域内不同的村庄中，这使得通讯联络十分不方便——想要知道某人在哪里，或想下达个命令非常困难。宣战之初法国盟友就要求无线电静默，但英军多数报务员几乎没有实际操作经验，结果远征军内部通讯一直很混乱，对外通讯几乎没有。

对比英国远征军这一团糟的情况，德军不仅装备先进、训练有素，更重要的是德军指挥系统非常健全而且高效。对此，蒙哥马利也是无可奈何，"不是德国人高我们一等，而是他们的战争机器比我们更有效。"

德军很快对英法盟军战线发起了进攻。1941年5月10日凌晨3点，德军在西线发动大举进攻，矛头直指荷兰、卢森堡和比利时，气势汹汹。

第3师奉命出击，蒙哥马利需要率部西进至迪尔河一线。5月10日夜，第3师顺利抵达预定地区，然而，原本驻守此地的比利时第10师依然据守着防线。蒙哥马利立刻面见比利时将军，要求接管迪尔河防线。比利时将军以并未接收到这一命令为由拒绝了这一请求，并且声称比利时的军队足以守城。

德军迅速逼近，比利时军队从前线败退下来不断地向迪尔河防线涌入，蒙哥马利只好将他的第3师作为预备队暂时后撤，以便随时接收防线。他极力劝说比利时将军，为此，以满足比利时人的自尊心，他决定小小地拍个马屁，"将军，第3师会毫无保留地接受您的指挥。我建议让它来加强您的防线。"这招成功奏效，使得第3师顺利进驻迪尔河防线。第2军的军长布鲁克对此赞扬道："这一插曲突出地表现了蒙蒂的才能。我们的军队要做出安排，因为德军什么时候都可能到来，而他确实有解决问题的办法。"

前线的坏消息不断地传来：

鹿特丹遭轰炸，荷兰要求停战。

德国装甲部队开过默兹河。

比利时军队正从阿尔贝运河败退。

英军右侧的法国集团军垮了。

……

在这样恶劣的的情况下，蒙哥马利冷静从容，他在一战时就充分展现的乐观精神使他具有一种令人信服的大将风度。白天，他在外巡视部队，到喝下午茶的时间返回师部向参谋们发布命令，而后就餐、就寝。除非十万火急，任何人不可以在他休息的时候打扰他。5月14日夜，一名参谋火急火燎地冲进蒙哥马利帐内，把他叫醒并报告说，德军已攻入附近的卢万。蒙哥马利非常恼火，大声吼道："走开，别打扰我！叫驻守卢万的旅长把他们赶出去。"

事实证明，蒙哥马利并非毫无理由地发脾气，他充分信任自己的部队，而第3师也确实没有辜负他的信任。就在第二天，第3师对已攻入卢万火车站的德军连续发起反冲击，终于把德军又逐出了卢万。在这次反击中，近卫掷弹兵团和皇家北爱尔兰步兵团表现尤为出色。第3师宛如磐石，任波涛汹涌，巍然不动。只是由于南翼侧面友军后撤，第3师才不得不于16日下午撤退。此时，其他远征军部队已经撤离很远了。

5月18日，由于第1军军长迪尔将军年龄过大，精力不济，部队出现行动缓慢的迹象。为了减轻迪尔将军的负担，布鲁克从第1军里接管了第1师。第1师的师长就是哈罗德·亚里山大少将。在北非击败德国非洲军团的"三驾马车"（帝国总参谋长布鲁克、中东总司令亚历山大和第8集团军司令蒙哥马利）在一种几乎无望的局势中结合到了一起。在他们的合作下，眼前这支落后的败军终于得以全身而退，为英国彻底打败德国做了铺垫。

2. 敦刻尔克的无奈

在德军的疯狂进攻下，战局日益恶化。戈特不得不开始考虑怎样使远征军避免被全歼的危险。

5月19日，远征军司令部召开会议，会议商定了英国远征军撤回本土的应变计划，认为敦刻尔克比较适合组织环形防御，该地的港口，可以帮助撤退英军的人员以及一部分补给品和装备。

原以为讨论撤回计划还为时过早的远征军将领们很快就开始庆幸敦刻尔克计划的制定。德军主力自从在阿登山区突破以后，一路势如破竹，此时，其第1装甲师已攻抵亚眠，第2装甲师进抵阿布维尔，其余德军则向东北面的蒙特勒和埃塔普勒疾速推进。靠近英吉利海峡的海岸此时也为德军所控制。英国远征军实际上被包围了。

5月30日下午，戈特在敦刻尔克海滩前线指挥部，召开了最后一次会议。第1军新任军长巴克和第2军新任军长蒙哥马利参加了这次会议。

惨烈的战事令戈特看起来似乎有些伤感，当他见到蒙哥马利后，第一句话就是："今天夜间，你要切实加强你那战线上的战斗巡逻。"

会上，戈特宣读了英国政府的最后指示，指示如下：

"为掩护正在顺利进行的大规模撤退，必须继续全力守住现有环形防线。每隔3小时通过拉庞向我们报告一次。如果我们仍能够保持联系，在我们认为你的指挥部已小到可以交给一个军长指挥时，我们将向你下达命令，要你返回英国，并可随带经你挑选的军官。你现在就可以指定这位军长。如果联系中断，在你们的实际战斗力量相当于不超过3个师的时候，你可按上述规定把指挥权移交后返回英国。这样做是根据正确的作战程序，务必遵照执行，不得擅自处理。从政治上考虑，在你指挥的部队已经剩下不多时，没有必要让你被俘，给敌人取胜。你所选中的那位军长必须受命与法军协同防御，并从敦刻尔克，或者从那些滩头撤退。但当他认为已不能给敌人一定损失时，他有权与高级法军司令官商谈，正式投降，以免遭到不必要的屠杀。"

根据这一指示，戈特制定了撤退计划。他命令蒙哥马利率第2军于5月31日首先撤退，第1军担任掩护。他告诉巴克，在最后不得已时，可以率部向德军投降。

蒙哥马利不满意于这样的安排，他决定干涉远征军司令的指挥。会后，他要求与戈特单独谈谈。他毫不客气，直截了当地说："阁下，我反对把巴克留下来担任最后的指挥。"

"可以说明理由吗？"戈特有些恼火。

"如果留下的是一位镇静而有头脑的指挥员，再加上一点点运气，完全可以撤出第1军，根本用不着投降。巴克难当此任。"

"那么，谁行？"

"亚历山大将军，我敢保证。"蒙哥马利说。

亚历山大此刻正在巴克军中指挥第1师。戈特虽然不是个有雄才大略的统帅，但却是个头脑清醒并且务实的将领，对蒙哥马利的指手画脚，他没有责备。对远征军命运的关注使他没有不切实际的自尊，他采纳了蒙哥马利的建议。

当晚，巴克离开了第1军，启程回国。亚历山大正式接管第1军。

这时，德军离他们已经越来越近了。蒙哥马利在第2军召开的指挥官会议上，作出了5月31日撤退的部署。几颗德国炮弹居然在他们开会的房子周围爆炸了。第2军在海滩上搭建的一些临时码头也全部被毁，情况实在不妙。到正式撤退时，他们已不得不沿海岸步行赶到敦刻尔克港口，蒙哥马利也不例外。这情形显然有些狼狈。6月1日，第2军顺利完成了撤退任务。

亚历山大的表现没有让人失望。在第2军撤退完毕后，他有条不紊地指挥第1军一边脱离与德军的接触，一边撤退。结果就像他自己所表示的，第1军也全部撤回了英国。亚历山大本人一直坚持到了最后，直至查明没有留下一兵一卒时，才登上一艘驱逐舰返回英国。

敦刻尔克撤退，是战争史上的一个奇迹——大约30多万陷入绝境的联军被安全撤回英国本土，只是所有的重型装备被留在了海滩上。当然，大败而退，对英军来说，这总归是一个奇耻大辱。

英吉利海峡波涛汹涌，蒙哥马利心中，也澎湃着同样的波涛。望着碧波大海，他对自己说："我起誓，要不了多久，我还会打回来的。"

4年以后，他果然回来了。

3. 英国被孤立了

6月1日晚，蒙哥马利返回伦敦，稍事休整便去拜见了新任帝国副总参谋长迪尔。

蒙哥马利得到了令他振奋的消息。

迪尔并不打算放弃法国，为此他做出决定，让原第2军的军长布鲁克领一支新的远征军回到法国去。尽管布鲁克对这项任命并不满意——他认为法国已经完蛋了，这样做会把他匆匆组成的任何部队拖进深渊。但是，命令就是命令，他已没有选择。于是，他向迪尔要求得到第3师。迪尔同意了，答应他只要第3师重新装备完毕，即重渡海峡返回法国。当时英国仅存的军用车辆和其他必要物资刚够重新装备一个师。

得知第3师将要重返法国战场，而且是在老朋友布鲁克指挥下，蒙哥马利一下子兴奋起来。他立刻抛弃官阶，选择了更加令他心动的战场——请求免去军长职务重回第3师。

迪尔很快被倔强的蒙哥马利说服了，在萨默塞特，第3师领到了新装备，并作好了重渡海峡的准备。对即将到来的行动，蒙哥马利并没抱什么幻想，但他认为这是莫大的荣誉。自从贝蒂去世以后，荣誉感成了他唯一的精神支柱。

可惜，重返法国作战的计划最终未能付诸行动。

6月17日，法国向德国投降了。

失去盟友的英国被孤立了，德军对英国的入侵看来已迫在眉睫。第3师奉命向南海岸转移，驻守被认为是最容易遭到入侵布赖顿及滨海地区，并在那里构筑必要的防御阵地。

这一任务显然让蒙哥马利无法满意，此时的第3师是个擅长打运动战的师，是英国本土唯一的齐装满员师，而现在却要执行静止的任务，挖壕据守。在他看来：马奇诺防线的突破足以证明，现代战争，战壕与掩体起不到永久的防线作用，要防御进攻的敌人，就要保持机动灵活的兵力，否则防线一旦被突破，后方又无援军阻遏，防守就要陷于被动挨打的境地。为此，蒙哥马利自作主张地在他的防区内停止了挖掘壕沟，把部队由海边向内陆后撤了一段距离，同时要求提供更多的车辆，以便第3师可以作为强大的机动预备队，趁登陆的敌人还未丫稳之际，将其消灭在滩头。

在当时，蒙哥马利的这种防御战术，很少有人表示赞同。英国民众的一般心理是只要敌人来犯就得寸土必争。而在军界，占据主导地位的仍是固守的线式防御。这使得蒙哥马利成为了众人注意与议论的目标。站在他这一边的只有布鲁克，因为这一防御的理论，实际上是布鲁克与他共同研究得出的。

丘吉尔也注意到了蒙哥马利。他决定去见一见这位据说很固执的将军。7月2日，他来到了第3师。蒙哥马利很好地安排了丘吉尔的这次视察。两人一见如故，从此成为朋友。

蒙哥马利向丘吉尔宣传他的机动防御理论。蒙哥马利的做法得到了丘吉尔的赞许，在其帮助之下，蒙哥马利终于如愿以偿，得到了足够的车辆，第3师正式退为预备队，机动性百分之百。

1940年7月，在已经升任国内武装力量总司令的艾伦·布鲁克的建议下，蒙哥马利获得提升，从奥金莱克的手里接管第5军，再次担任军长。而奥金莱克则调任南方军区司令，是蒙哥马利的直属上司。蒙哥马利与奥金莱克间的冲突就此开始，两人一生都未和解。

这场冲突最早源于两人在防御观念上的差异。奥金莱克主张传统的防御方针，他的观念正好与布鲁克、蒙哥马利相悖。蒙哥马利接管第5军后，立刻按照自己的战术思想对第5军的防御部署进行了调整，命令海滩上的防御工事全部停工，第5军大部后撤，组成机动预备队，海滩上只设置一条力量薄弱的防线。蒙哥马利的做法让奥金莱克大大恼火，共事之初，两人便势如水火。此后的一段时间，两人在多次的军队事务中发生冲突和分歧。奥金莱克毫不讳言他对蒙哥马利的反感，他说："我完全不喜欢蒙哥马利。"蒙哥马利也并不买他这位司令的账，"对于奥金莱克，我不记得，我们在任何问题上有过一致的意见。"

1940年10月，希特勒下令将入侵英国的"海狮"计划推迟到1941年春，事实上取消了在英国登陆的计划。英国被入侵的威胁解除了。第5军军长蒙哥马利也把他的工作重点由布置防御转向训练，他要把第5军训练成能在各种气象条件下作战的部队。用他的话讲："无论雨、雪、冰、泥，无论好天气还是坏天气，白天还是黑夜，我军都必须比德军善战。"

蒙哥马利开始大力对第5军进行整体训练，力求军队每一个人都处于"健全"状态——精神健全、体魄健全。他认为：这一场大战所需要的是从上到下都处于完全健全状态的军队。健全的精神需要有健全的体魄作基础。为此，他首先抓了部队的体能训练，尤其是平时极少参与训练的机关参谋们。他规定，全体参谋人员每周必须抽一个下午进行7英里长跑锻炼。此一规定适用于所有40岁以下者，无一例外。如不能跑完全程，允许步行，但必须完成全程。这项规定遭到了很多军官的反对，不过在蒙哥马利的坚持下，最后他们还是不得不照办了。事实证明，蒙哥马利这一项举措对于每一位军人都是非常有利的，后来，甚至有些超过40岁的人自愿参加进来。

这一时期蒙哥马利开始提出一种新的战术思想，即强调诸军兵种在进攻作战中的协同，尤其是使用轰炸机对地面部队进行近距离空中支援。以后在非洲、意大利和法国的作战中，他的这一战术思想得到了充分的运用。

4. 第12军

1941年4月，蒙哥马利离开了第5军，改任第12军军长，负责防卫东海岸，保卫肯特和苏塞克斯地区的安全。

当他离开第5军时，把他的参谋长富兰克·辛普森也带走了。以前，在他任第9旅旅长时，辛普森就是他的旅参谋长。在贝蒂刚刚去世的那段日子里，辛普森给了他许多无私的帮助，两人私交甚好，工作上也配合默契。

蒙哥马利一到12军，便按自己的思想对其进行了大刀阔斧的改革。霍罗克斯第44师师长说："蒙哥马利的到来，就像一颗原子弹在12军里爆炸了。"与在第5军一样，参谋们被赶出办公室进行长跑，军官太太全部被送上火车。最具地震效应的是在一周之内，蒙哥马利撤换了3位旅长与其他6位"长"字号人物，这位新军长的铁腕一下子震慑住了那些平素懒散惯了的军官。也有不服的，写信告他的状。可是蒙哥马利并不吃他们这套，依然我行我素。

蒙哥马利极力反对的线式防御是12军原来的防御部署。5月2日，他在12军发布了第一号训令，大力批评了其前任的防御原则，认为原来的防御配置，一无纵深，二无组织反击的必要兵力。同时，也提出了自己的"机动防御"原则，从即日起要求全军贯彻执行，并彻底铲除前任军长的"海滩防御"思想。

为能将12军机动防御作战能力提高，蒙哥马利决定用演习来带动训练。为此在6月份，他精心组织实施了"醉汉"全军大演习。8月4日，接着又进行了"大醉汉"第二次大规模演习。此次演习主要是提高部队的抗登陆与反空降作战能力。两次演习，取得了圆满成功。

为检验部队训练的效果，国内武装部队总司令艾伦·布鲁克决定在这年夏天举行一次大规模演习，代号为"保险杠"。在英国本土的装甲师4个与步兵师9个将全部参加。演习基本上运用的是蒙哥马利在第5军与第12军各次演习的模式。这表明蒙哥马利对英国陆军的训练施加了个人影响，这使他异常得意。

演习从1941年9月29日开始，至10月3日顺利结束。主持这次演习的是艾伦·布鲁克，蒙哥马利则成为裁判长。10月10日，蒙哥马利对270名高级军官作演习讲评，对演习的成功及其缺点，分析得头头是道，令人叹服。不过，还是会有点好为人师的味道。所以，事后有些将领说："蒙哥马利虽然令人生厌，但你不得不承认他说得都对。"

"保险杠"演习，让蒙哥马利大出风头。回到第12军后，他意犹未尽，准备再举行一次军事演习，着力解决"保险杠"演习中的一些问题。就在这时，陆军的人事有了变动：提升蒙哥马利为东南军区司令，原东南军区司令佩吉特接替布鲁克任国内武装力量总司令，布鲁克则去接迪尔的班，担任帝国参谋总长。

5. 出鞘的剑

到1942年8月，蒙哥马利离开战场已经两年多了。尽管在北非和缅甸，他的许多同事仍在浴血奋战，而他却始终没有被派回战场的征兆。这一场牵动了世界的战争，离他似乎非常遥远。

苏格兰，月初的时候将举行一次大规模的军事演习。总司令佩吉特将军邀请蒙哥马利与他共同前往视察。蒙哥马利早就希望有机会去看看其他部队的情况，于是欣然受命，同佩吉特一起乘坐"轻剑"号专列（1944年这辆列车成为蒙哥马利的专列）北上。演习第二天，陆军部突然打来电话给蒙哥马利，让他立刻返回伦敦，接替亚历山大任第1集团军司令，在艾森豪威尔领导下着手制订"火炬"计划。艾森豪威尔此时为美国欧洲战区总司令，一夜之间从一个小参谋成为国际风云人物。至于亚历山大，原定去缅甸，但因北非战局吃紧，已被改派任中东总司令。

蒙哥马利非常高兴能接任第1集团军司令的职务，他不再是那个自封的"东南集团军"司令，而是一个名正言顺的集团军司令了。用自己的话讲，"我在英格兰已待了两年——该是开拔的时候了"。他终于有机会去实践他的军事思想与方法，他深信，凭自己的军事信条完全可以使部队在抗击德军的战斗中取得胜利。

第二天早晨7点，蒙哥马利突然又接到陆军部的电话，前一天关于接任第1集团军司令和制订"火炬"计划的命令被撤销了，让他立即到埃及去指挥第8集团军。

这一连串的变化，搞得蒙哥马利有些摸不着头脑。他并不知道他的后台老板的活动。

地中海北非地区为英国传统战略利益的地方，在那里指挥作战的都是英国军队中最出色的将领。韦维尔在北非战端初开时坐镇该处。他领着为数不多的军队，迎战意大利人数众多的大军，大获全胜，差一点儿将意大利完全逐出北非；接着，有"沙漠之狐"美誉的隆美尔进行了反击，又将英军赶了回来。奥金莱克接替韦维尔任中东总司令后，英国政府提供给他大量物资与装备，使他在坦克、大炮、飞机、补给品等方面对德意非洲军团构成了优势。凭借这些装备，奥金莱克把在这支部队改编成了第8集团军，成为了一支沙漠劲旅，但在取得了小胜利后，终于还是难敌"沙漠之狐"的进攻，节节败退。

1942年夏季，北非英军的处境已岌岌可危。5月26日，隆美尔发动了代号为"泰西"的进攻战役。至6月中旬，英军据守的贾扎拉防线被突破，接着，托卜鲁克要塞也在一天之内被德军攻占。第8集团军在隆美尔的打击下，损兵折将，一败涂地，几乎溃不成军。

连番打击之下，奥金莱克只得飞赴战场亲自指挥，自兼第8集团军司令，并把精锐的新西兰师投入战场，暂时挡住了非洲兵团的前进，在阿拉曼组成了一道新的防线。针对非洲兵团推进过快、战线过长的弱点，奥金莱克还成功地组织了一次反击，这后来被称为"第一次阿拉曼战役"。此战役虽取得了胜利，但并未扭转英军在北非严重不利和局势。

在这种情况下，布鲁克决定亲自到北非来了解情况。8月3日，丘吉尔也来到开罗。当晚，丘吉尔就召见了布鲁克，两人一直谈到次日凌晨1点30分。在奥金莱克能否同时担任中东总司令和第8集团军司令这两个职务的问题上，两人是有共识的——不可以。但由谁来指挥第8集团军却有分歧。丘吉尔建议由戈特来任此职，因为戈特是个沙漠战老手，有"沙漠之鼠"的美誉，他和隆美尔可能会有一场旗鼓相当的较量。但布鲁克不同意，他争辩说："戈特老了，老得已失去了判断力。"丘吉尔不高兴地回击道："那么，你来干好啦。"

蒙哥马利是布鲁克心目中的人选。为此，第二天他一早便去见奥金莱克，给他做工作。奥金莱克很痛快地就答应了，尽管他不喜欢蒙哥马利，但还是同意派蒙哥马利来接管第8集团军。当天下午，布鲁克又去了戈特的指挥部与其交谈。戈特表示，自己确实已老，到了江郎才尽的地步，建议补充新的人员。

8月6日即第二天，丘吉尔作出了对前线负责人进行变动的决定。丘吉尔想要把中东司令部一分为二，即奥金莱克负责波斯—伊拉克司令部；布鲁克负责近东司令部。蒙哥马利则指挥第8集团军。但布鲁克反对自己的职务变动，对此加以拒绝。中午，情况又变了，告知布鲁克中东司令部仍将划成两部分，中东司令部总司令由亚历山大出任，戈特任第8集团军司令，蒙哥马利则接管第1集团军，并负责"火炬"行动。布鲁克虽然对戈特有疑虑，但还是同意了。

然而，这一决定作出还不到24个小时，命运之神插手了。这项可能是个错误的任命不得不作了改正，代价是一位优秀军人的生命。

8月7日，当戈特乘飞机沿阿拉伯堡航线到赫利奥波利斯航线飞行时，不幸罹难。这条航线是百分之安全的，就连丘吉尔航行时，也不提供护航。可命运之神在这一天让一架走投无路的德国战斗机闯入了航线，而且恰遇戈特的飞机，戈特因而丧命。当晚，丘吉尔与布鲁克得知此讯后，与史末资紧急商议，最后决定让蒙哥马利接替戈特。就这样，一波三折，蒙哥马利终于出场了。

8月10日晚，蒙哥马利乘机飞离英国。为了这一天，他已磨剑两载，该是他试试剑锋的时候了。

6. 急切的渴望

蒙哥马利，于1942年8月12日乘机抵达开罗，上午10点多，驱车赶到了奥金莱克的司令部。

奥金莱克将卸任，此时他的心情很沉重。在近月里，他曾想方设法扭转战局，但努力都失败了。他将蒙哥马利带进地图室，介绍了非洲的战局，并解释了自己的作战计划：不惜任何代价保存第8集团军，必要时可南撤到尼罗河。并且奥金莱克要求他第二天就进沙漠，在第8集团军司令部先熟悉一下情况。这个军团此时由拉姆斯登代理，但仍为奥金莱克指挥。奥金莱克是想让蒙哥马利8月15日正式接任，同天他也要向亚历山大办理移交。

告别奥金莱克后，蒙哥马利即刻就去见了亚历山大。这两个一起在坎伯利参谋学院的老同学、敦刻尔克共患难的老战友，相见分外亲热。亚历山大在军事上有过人造诣，他的个性随和，善于团结别人，蒙哥马利感到能与他共事，真是莫大的幸福。在与他的会面中，蒙哥马利提出了一个计划，为第8集团军建立后备军，并希望这个军团能够拥有完善的装甲武器。亚历山大同意了，同时答应，蒙哥马利授权撤换不称职的军官与对部队进行必要改组。

接着，蒙哥马利又去找第8集团军副参谋长、他在坎伯利参谋学院的学生哈定少将，请他帮助把在埃及的零星装甲力量组建成一支坦克军。哈定答应考虑，并于当晚就拟出了一个初步计划。

蒙哥马利从没在沙漠地区作战过，所以，那天他又为自己选了约翰·波斯顿作副官。他原为戈特的副官，戈特遇难时，恰好他不在飞机上。波斯顿很熟悉沙漠作战的情况，蒙哥马利对他十分满意。他在《回忆录》中这样写道："我不能再有更好的选择了。我们从阿拉曼直到易北河，转战了十多个国家。我很器重他。他在战争的最后一个星期在德国牺牲了。当时离胜利不远。"

8月13日上午5时，蒙哥马利离开大使馆，驱车向沙漠进发。在亚历山大城外的十字路口，他遇见了如约前来接他的德·甘冈。他此时是第8集团军作战情报处长。蒙哥马利和德·甘冈是知交，蒙哥马利还帮助他在坎伯利谋过职位。路上，德·甘冈向蒙哥马利详细介绍了当前情况。当车抵达第8集团军司令部时，蒙哥马利已作出了一项重要决定：他选中德·甘冈作为他的参谋长。事实证明，蒙哥马利的这一决定是正确的。即便很多年后，蒙哥马利仍这样说："在英国陆军中，我以为像他这样卓越的参谋长，可以说是空前绝后。"他很少这样夸赞别人。

上午11时左右，他们到达了第8集团军司令部。一下车，眼前的景象却足以使任何人泄气：在满目荒凉的沙漠上，只有几辆卡车，没有进餐帐篷，绝大部分工作都得在卡车内和烈日完成。据说是奥金莱克命令这样干的，目的是官兵一致。司令部里的气氛是忧郁、沉闷的，多数人都在准备放弃阵地向后撤退。看到此情此景，蒙哥马利心情很糟糕。如果德国人在这时发动进攻，第8集团军肯定不堪一击。"我不能再等了，我必须现在就接管它。"蒙哥马利下了决心。

拉姆斯登作为代理司令，赶来见蒙哥马利。他是蒙哥马利的老部下，以前曾在第8师里任营长。在对拉姆斯登进行盘问时，他发现"战线上有捉摸不定的气氛"，他发现第8集团军司令部和英沙漠空军司令部相隔太远时，十分震惊。于是，他告诉拉姆斯登，你的使命已经完成了，可以回30军了。拉姆斯登很惊讶，但还是照办了。这样，在授权之日前两天，即8月13日14时，蒙哥马利就先行担任了第8集团军总司令。这种行为在英国军史上还没有先例。

当天下午，蒙哥马利又去视察了第13军与澳大利亚第9师，这两支部队，给他留下了很好的印象。

蒙哥马利在傍晚回到司令部，他不知疲倦立刻又召开了司令部全体人员会议。在这次会议上，他宣布，从此以后，第8集团军必须坚守住阿拉曼与鲁瓦伊萨特山脊的阵地，因为这是保卫埃及与开罗的最后一道防线，所以不论情况如何都不得后撤。他告诉指挥官们，美国已有两个师的援军抵达开罗，亚历山大将军同意马上把这两个师调给他，以加强第8集团军的力量；此外，还有新的装甲部队第10军正在组建中；目前坚守阵地是主要任务，等到一切准备就绪，英军将转入反攻，彻底打垮隆美尔的军队。接着，他宣布将采用新的指挥方式。他任命德·甘冈为参谋长。申明今后参谋长发布的命令全军必须贯彻，德·甘冈有权管理整个司令部。各军的高级指挥官有事可直接来找蒙哥马利汇报，他也会不时召见他们，但汇报问题的时间不得超过10分钟。所有汇报不谈具体的细节问题，所有细节由参谋长处理。作为集团军的司令，他将摆脱琐碎的事务，集中全力考虑整个战局。取消了以往那种用书面传达命令的方式，而是以口头传达。书面记录必不可少，由参谋长处理。今后作战时，总的作战计划将由他亲自制订。作战之前，所有的将士们都将彻底了解计划的内容，但具体的作战细节则由各军决定，他们有权在符合总作战计划的前提下，采取认为合适自己的行动，条件是他们必须取得成功。蒙哥马利又指出，司令部的军官们，不需要露天工作与睡眠，把生活搞得不舒服，令人精神不振。他决定将司令部搬到海边，那里条件较好，利于提高工作效率并保持高昂的士气。蒙哥马利最后强调，全体将士必须记住的最主要一点就是，今后英军不再后撤，而将坚决顶住敌人，彻底消灭隆美尔的军队。

多数军官虽然是第一次见到蒙哥马利，但很快就感到他和以前司令官的不同。随着蒙哥马利的娓娓道来，他们突然觉得前途不再渺茫和无所适从了，他们认识到了脚下这块阵地的战略价值，他们感到全世界的目光在注视着他们。蒙哥马利的讲话拨云见日，在他们心里播下希望的种子。

这就是蒙哥马利在第8集团军里度过的第一天，虽然漫长劳累，但却十分成功。那天晚上，他这样写道："我上床时，可真是累了。但是我知道我们是在迈向成功的道路上前进。我怕我入睡时脸上还带着不服从的微笑，因为我正在向一个别人认为是由他指挥的第8集团军发布命令。"

为了改变第8集团军的现状，蒙哥马利在继任后开始对军队内部进行大整改，并着手建立一个与他性格和作战理论相适应的指挥系统，并准备以此为基础，彻底打败隆美尔。

蒙哥马利认为选用指挥官是件重大的事，为此，他把将近三分之一的工作时间用在人员考虑上，对于不堪重任的"朽木"毫不犹豫地革除，原参谋长多尔曼·史密斯被撤职，原代理司令、第30军军长拉姆斯登被撤职，第7装甲师师长以及炮兵指挥官等等都被他相继拉下马来，而代之以一些年富力强的将领。他从英国调来奥利弗·利斯接管第30军，调霍罗克斯去第13军，调柯克曼任炮兵指挥，让拉姆斯登任装甲军军长。蒙哥马利的这种清洗，并非漫无目的。事实证明，他所提拔的将领最后都成为英国为之骄傲的优秀将领，他的参谋机构在二次大战期间恐怕是任何一个其他集团军都无法与之媲美的。

蒙哥马利给第8集团军下的这剂猛药，产生了明显的疗效。著名的侦察英雄佩尼亚科夫中校对此是这样评论的："我认为，一个有勇气把一些准将从集团军的参谋机构里解职的将军、一个知道怎样在军士长的心中激发起热烈的献身精神的将军，是不难打败隆美尔的，或者说，是不难赢得胜利的。"

7. 给隆美尔的陷阱

在战斗中取得胜利是振奋士气的最佳办法。蒙哥马利迫切需要打一个漂亮的胜仗，在他决定发动大规模攻势以前，恢复官兵们对高级指挥官的信心，以高昂的士气投入战斗。

但在目前，蒙哥马利认为还不到他主动出击的时候，他更希望的是隆美尔发动进攻，他来反击。

他的情报人员肯定隆美尔可能的进攻将在南侧，而后向左迂回，调动装甲部队攻向阿拉姆哈勒法与鲁瓦伊萨特山地。蒙哥马利同意这看法。以这个预测为基础，他和德·甘冈共同制订了作战计划。他笑着说："我要给隆美尔这只狐狸设置一个陷阱。"

英军阵线上关键地点有三处：一为北方沿海的阵地；二为中间的鲁瓦伊萨特山脊；三为南面的阿拉姆哈勒法山脊。按隆美尔将在南面进攻的判断，蒙哥马利决定在北面与中间坚决地守住阵地，迫使隆美尔去进攻阿拉姆哈勒法。南面英军在敌军进攻时要故意后撤，留出缺口，并在德军必经地带预布雷场。同时，第7装甲师要边打边退，诱使隆美尔的坦克部队追击。一旦德军的坦克进入阿拉姆哈勒法，埋伏在那儿的第44师英军，将以猛烈的炮火向陷入雷区的德军装甲师进行反击。

蒙哥马利料定隆美尔不敢绕过阿拉姆哈勒法的英军防线，直接向开罗进军。否则的话，将会有400辆坦克打他的尾部。对隆美尔来说，只有先拿下阿拉姆哈勒法山脊，才能解除后顾之忧。

同时，蒙哥马利又决定，在北线和中线的守军不得向撤退的敌军进行追击。另外，他还下令第7装甲师和第44师应在阿拉姆哈勒法山脊的防御战中，尽可能保持自己的战斗力，以便今后参加更重要的战役。

这时候，蒙哥马利的头脑中已经在酝酿下一次战役了，那将是一次决定性战役。

现在，陷阱已经布好了。隆美尔只要发动进攻，不管他朝哪个方向运动，都将被困住。在他被困时，英国沙漠空军的飞机会以密集队形对他进行轮番攻击，投下"地毯式炸弹"。一切就看隆美尔的了，如果他不进攻，便无法成全蒙哥马利。

但是，蒙哥马利能如愿以偿吗？

按当时战场的情况来看，隆美尔此时最明智的方针是"兴登堡路线"式的撤退，即向西撤退到适当的防御阵地上，以缩短危险的交通线，更加靠近自己的基地。隆美尔是运动战大师，他可不喜欢蒙哥马利这样的对手，他认为蒙哥马利是"机械化的静态战"。同时他也注意到了英军部署正在发生变化。若他有计划地安排一次撤退，将会让蒙哥马利的所有努力化为泡影。最有说服力的是他的人员与物资都相当短缺：他的各个师共缺员16000人，有85%的运输工具是残缺的战利品；他的战斗装备比编制规定的少210辆坦克与175辆装甲运兵车；他的弹药、燃料与口粮也难以为继。简言之，撤退是隆美尔的唯一办法。

但是，蒙哥马利却坚信隆美尔一定会进攻。

隆美尔知道撤退是上上之策，但他的处境决定了实际上不可能撤退。希特勒就足以阻止撤退，他实际上已经绝了隆美尔撤退的念头。另外，从非洲战场和苏德战场的战略协同来说，隆美尔也不能撤退。在高加索方向苏德战场上的德军正发动大规模攻势，且看起来还顺利，如果在非洲隆美尔能够向东继续推进的话，两支德军就有机会汇合并可向中东与印度洋方向挺进。

这一切，使蒙哥马利吃定了隆美尔。

蒙哥马利的运气似乎好得不得了。他的对手隆美尔不仅决定发动进攻，而且这支"沙漠之狐"已病了，他的嗅觉与判断力已没那么敏锐了。他患有严重的胃溃疡与鼻病，血液循环也不好。他的医务顾问认为他已不适宜再担任指挥，隆美尔也建议调古德里安来接替他，但是希特勒拒绝了。此时的隆美尔事实上已心力交瘁。当他决定进攻后，他对他的医务顾问说："教授，昨天我作出的进攻决定是此生中最困难的决定。其结果有两种，一是我们在俄国的德军可抵达格罗兹尼，在非洲可抵达苏伊士运河，二是……"隆美尔不敢再想下去。

8月31日夜，隆美尔的非洲军团终于对英军发起了进攻。隆美尔病得糊涂了，他投入了他所有的、为数不多的坦克，直冲地雷场。他这样说道："战斗要进行下去，这场决定性战役无论如何不能变成阵地战。"

狐狸掉进了陷阱，该看猎人的了。

8. 阿拉姆哈勒法战役

当隆美尔在午夜发起攻击时，蒙哥马利正在睡觉。兴冲冲的德·甘冈赶到蒙哥马利房内，向他报告了这个好消息。蒙哥马利只说了一句"好极了，不能再好了"，马上又睡着了。对于隆美尔，他早已将其视作盘中之食，并没有惊喜兴奋之感。

隆美尔这次进攻，从一出发就不顺利。沙漠空军的夜航轰炸机在8月30日黄昏就出动了，对隆美尔刚集结起来的装甲车辆实施了破坏性袭击。当非洲军团冲入地雷场开辟通道时，却发现这个雷场比原先预计的要宽得多，也复杂得多。保护雷区的英军也向他们射出了密集而准确的子弹。隆美尔原先期望能很快通过雷区，这时却发现已陷入了死亡的陷阱。很快，有消息说，第21装甲师的冯·俾斯麦将军被一颗地雷炸死，非洲军团指挥官涅林也身负重伤。

此时，如果隆美尔能够及时回头还来得及，但他没有这样做，而是企图趁暗夜继续猛冲。这实际上是在陷阱里越陷越深。面对隆美尔的进攻，第7装甲师按计划且战且退。德军在陷阱里又前进了7英里。隆美尔命令他的装甲部队向北做预定的左包抄运动。而那里，蒙哥马利早已布置下了第22装甲旅。

隆美尔并不知道那儿早有伏兵。在几辆经过改装的马克——4型坦克的率领下，大队坦克排成可怕的阵势，像是一条蜷缩起来准备咬人的蛇一样，慢慢地，进入了第22装甲旅的伏击圈。罗伯茨少将一声令下，所有的坦克炮和反坦克炮一齐开火，把德军打了个措手不及。这对于德军，可以说是极其沉重的打击。

第二天，隆美尔再度组织了几次零星的攻击，但已远不如8月31日那样猛烈，狼狈不堪的德军部队已经难以令隆美尔实施作战计划了。很快，蒙哥马利命令新西兰师由防区向南打进去，从而封闭德军早先进入的缺口。隆美尔这时看到了危险，而且发现他的油料实际上只够用一天了，他只能下令撤退，并迅速撤至了他们早先已通过的布雷区，准备据守这一地区。

9月3日，英军在蒙哥马利指挥下，开始发动反击。在反击战中禁止使用坦克部队，并且特意为隆美尔保留一个观察哨，以便德军能够看到他为准备下一次战役所采取的种种欺骗措施。到9月7日，非洲军团已在英军原来的地雷场及其后方站稳了脚跟。于是，蒙哥马利下令停止这次作战。

在阿拉姆哈勒法之战中，德军损失了约2900人和49辆坦克及装甲车辆；英军损失了1700人和67辆坦克，其中13辆"格兰特"式坦克尚可修复。英军在战场上开始掌握主动权。

蒙哥马利对战果表示满意。他认为，第8集团军在这次战役中的表现，证明他们是当之无愧的精锐之师。更重要的是，第8集团军又是一支士气高昂的部队了。

当然，对于此次战役也并非完全都是好评。在英军方面也有一种批评意见，认为在这次战役后期，蒙哥马利失去了一个消灭非洲军团的机会。这当然是针对蒙哥马利在9月3日以后的反击中禁止使用坦克部队而言的。他们这样说："蒙哥马利也许会辩解，他禁止在阿拉姆哈勒法战役后期使用装甲部队，是为了阿拉曼战役。而实际情况是，他本来可以不需要阿拉曼就可取得决定性胜利的。"这一批评是偏颇的。在这次战役后期，蒙哥马利确实是有些过于谨慎，以至于没能扩大战果，这是他的弱点。但消灭非洲军团的机会其实并未出现。对隆美尔来说，他更欢迎英军对他进行继续追击。因为他既缺乏汽油，又无制空权，只有让英军远离阵地，他才有机会和英军放手一搏。而英军这边，第8集团军的训练状况并不让蒙哥马利放心，他们在此前并未受过充分的作战训练，贸然进攻，很有可能会反胜为败。这种可能性是存在的，绝不是危言耸听。

阿拉姆哈勒法战役就这样按蒙哥马利的设想打赢了。而蒙哥马利的头上也多了一顶奇怪的帽子——一顶澳大利亚军帽。因为在澳大利亚阵地外，只有他戴这种帽子，很快他就因帽子而被人熟识。大家见他对帽子的标新立异，于是开了一个玩笑，送了他一顶黑色贝雷帽，上面别了一对帽徽。蒙哥马利欣然接受了。整个战争期间，这顶帽子再也没有离开过蒙哥马利。蒙哥马利常常不无得意地对人说："如果你高兴的话，可认为贝雷帽已成为我的标记。此外，戴着它也是很舒服的。"

阿拉姆哈勒法战役尽管只是一次防御作战，但其意义却不可低估，它对隆美尔的打击，不仅是物资人员上的，更是心理上的。对这次失败的教训，隆美尔一直铭记到死，并且对他在1944年对诺曼底防御的看法产生了重要影响。他说："谁要是被迫同完全掌握了制空权的敌人作战，即使他拥有最新式武器，也将像原始人同现代欧洲军队对阵一样，处境十分艰难而绝无胜利的可能。"可见，阿拉姆哈勒法战役对于隆美尔的影响之大。隆美尔的作战参谋冯·梅林津后来在《坦克战》一节中，也把阿拉姆哈勒法之战描述为"沙漠战争的转折点，是各个前线一系列败仗中的第一个败仗，预示了德国的战败"。

而对蒙哥马利来说，阿拉姆哈勒法之战仅仅是一个开始。意犹未尽的他在给英国友人的信中说："我与隆美尔的初次交锋是饶有兴味的。我幸好还有时间收拾这个摊子，进行筹划，因而毫无困难地把它解决了。我感到我在这场比赛中赢了第一轮。这一轮是他发的球，下次该轮到我发球了。现在比分是一比零。"

9. 蒙哥马利的计划

阿拉姆哈勒法防御战的大获全胜，大大提高了蒙哥马利的威信。此刻的他正是春风得意马蹄疾。而丘吉尔远在英伦，此刻却陷入了危机。

同年夏天，丘吉尔面临了政治上的困境。下议院提出了对他的不信任案；掌玺大臣斯塔福德·克里普斯爵士不满于战争的高级计划机构并以辞职相威胁。这使得丘吉尔不管是因国家还是个人的原因，都需要胜利一次，一次尽可能快、戏剧性的、不言而喻的决定性胜利。阿拉姆哈勒法防御战并不是他所理解的胜利，为此，他要求蒙哥马利在9月份对隆美尔发起进攻。而布鲁克最担心的正是这个。在他获悉隆美尔在阿拉姆哈勒法山被打败时，于当天的日记里写道："我的下一个麻烦问题，是不让首相来打扰亚历克斯（对亚历山大的爱称）与蒙蒂，不让首相怂恿他们在做好准备前就发动进攻。"

丘吉尔的命令在蒙哥马利那儿碰了钉子。他刚刚打了胜仗，有了公开抗命的资本。这件事的经过，在他的《回忆录》中有详细的描述：

"在我到达时，我曾对第8集团军的官兵许了愿，在没有做好准备之前我不会发动进攻。从目前情况看，要到10月才能准备就绪。月圆期是10月24日，我认为应在10月23日夜间发动进攻，并报告了亚历山大。白厅当即复电。亚历山大接到首相的电报说，进攻必须在9月发起，以配合俄国人的某些攻势以及盟军于11月初在北非海岸西端的登陆。亚历山大前来看我，商量怎么答复。我说如在9月份进攻，我们各项准备来不及，攻了也要失败；如果延至10月，我保证可获全胜。我认为9月动手简直是发疯。难道真要照办吗？亚历山大一如往昔全心全意地支持我，因此，就照我所要求的那样答复了白厅。我曾私下告诉亚历山大，由于我对官兵们许诺过，因而拒绝在9月发动进攻；假如白厅命令我在9月行动，那么就让他们叫别人来干好了。阿拉姆哈勒法山战役之后，我的身价提高了。此后就再也没有听到9月发动进攻的事了。"

事后，与人谈及此事时，蒙哥马利承认当时是在讹诈陆军部与首相。他说："任何有头脑的将领，此时都会像我一样讹诈的，这属于军事常识。"

排除了首相的干扰后，蒙哥马利按他的时间表有条不紊地进行战役准备。

代号为"轻步"的阿拉曼战役计划，于9月14日出台了。按这一计划，蒙哥马利准备同时进攻隆美尔的两翼。主攻北面。第30军负责在敌防线和布雷地带打开两条走廊，第10军通过走廊后，在敌供应线两侧的重要地带布阵，准备将隆美尔的装甲部队消灭。在南面，第13军攻入敌阵地，和第7装甲师联合行动。此为佯攻，目的是助力北面的主攻。计划中强调，第13军不要遭受严重伤亡，特别第7装甲师必须保持"完好"，在完成内陆突进后进行机动作战。这一计划改变了英军传统的沙漠战术，进攻既不在左翼也不在右翼，而是定在中央偏右处突破。这样，打进去后，便可按情况朝最有利的方向发展进攻，向左及向右。

蒙哥马利的这一计划没有得到总司令部参谋班子的普遍赞同，因此他们向德·甘冈施加压力，要他叫蒙哥马利改变主意。但是，亚历山大却站在了蒙哥马利一边，全力支持他的计划。

劈开德军的防御工事是这个计划的核心，迫使隆美尔来一场坦克战。然而，按情报人员提供的隆美尔的防御部署，蒙哥马利却发现自己将面对一条特殊的战线。此战线的纵深从2.5英里至4.5英里不等。在蒙哥马利试图突破北部与中北部防线上，有两条大致平行的地雷带，在这两带之间还隔着一个"魔鬼花园"的山坳，其间散布着大量爆炸物。该防线的南段以英原来的地雷场为基础。隆美尔为了这道防线，总共布下了44.5万颗地雷。他将装甲部队布置在了防线后面，防线一旦被英军突破，可以用于实施反突击。

隆美尔的部署让蒙哥马利改变了原定计划。隆美尔于9月19日回国养病，接替他指挥的是斯图姆。他虽然是个沙漠战新手，但却准确地判断出蒙哥马利将在自己防线的中部实施主突，于是，将自己的预备队也放在了这个地区。这样，到10月6日，蒙哥马利被迫放弃第一个"轻步"计划，提出修正后的第二个"轻步"计划。

新计划和原计划的原则恰相反，着眼于先对付对方的非装甲部队。蒙哥马利的想法是，以"粉碎性"打击法消灭敌非装甲部队，再阻住与牵制敌装甲部队。"粉碎性"打击的做法是让英军从敌翼侧与后方进行夹攻，并切断给养。而敌装甲部队不会眼巴巴看着其他部队被消灭而无动于衷，他们一旦进行反扑，则正中下怀，因为消灭敌装甲部队的最好办法就是把它诱出阵地。

在计划修改的过程中，情报参谋威廉斯少校向蒙哥马利提出一个建议，他说他注意到隆美尔在整个前线把他的部队放在意大利部队的中部和后部，显然是担心意大利部队不堪一击。这样，我们可以设法把德意联军分开，先打垮意大利部队的防线。蒙哥马利对这一建议大为赞赏，立刻把它纳入计划。事实证明，这一建议对阿拉曼的最后胜利至关重要。

10. 兵不厌诈

在即将到来的战役中，为了达到奇袭的目的，蒙哥马利决定给德国人戴上眼罩，让他们不能判定第8集团军的真正意图。这样，在制订战役计划时，蒙哥马利又指挥部队实施精彩的欺骗行动。它应该是迄今为止沙漠战中最精巧的欺骗，代号"伯特伦"。

在"波特伦"计划中，北方英军尽量隐蔽地行动，而在南方尽可能地让德国人了解第8集团军活动的假象。先伪装前沿地区巨大的弹药与其他作战物资的堆集所，以保证作战物资需要同时不让敌方察觉。其次，利用假车辆扮演坦克与其他车辆的运动，使德军逐渐习以为常对大量部队在作战阵地上集结。同时，铺设假油管在南翼，使德国人相信在南翼将开始主攻。于9月下旬铺设工作开始，并有意让德国人看到工程进度大约到11月初完工，他们还为新的道路做了路标，利用通信分队模拟将在南面发动主攻的无线电通信。

为了把这一骗局搞得天衣无缝，蒙哥马利还在第8集团军内部执行了严格的保密制度。隆美尔后来是这样记述的："在黄昏来临之前，23日那天过得像阿拉曼前线上的任何一天一样。"

然而，即便"伯特伦"计划天衣无缝，但是对于即将到来的战役，蒙哥马利依然觉得时间上过于仓促了。为此，蒙哥马利不分昼夜地为第8集团军部队进行了有计划的高强度训练，以保证他们能够在战场上发挥最大的效力。为了尽量减少人员伤亡，蒙哥马利做了精确的计算，弄清了通过充分发挥物资装备的优势以及谨慎地使用资源他能获得多大的好处。

在这次战役以后，隆美尔以一种惺惺相惜的口吻评论第8集团军，他说："在夜间进行这种机动显示出他们具有特殊的技能；在这次进攻之前他们一定进行了大量艰苦的训练。"

实际上，参加这次战役的双方实力是不平衡的。就师的数量而言，双方大致相等，但轴心国方面由于补给跟不上，加上前几次作战中的损失，各部队的人员和装备都严重缺乏。英国方面参战的有英军、自治地和殖民地国家军队（澳大利亚、印度、新西兰、南非等）以及希腊和自由法国的军队。在人数和装备方面，英国占有绝对优势。此外，蒙哥马利还拥有一条畅通无阻的交通线，这也是他的对手所没有的。对此，隆美尔只能望天长叹，心有不甘地说："这一仗在开始射击之前就由军需官们打响并决定胜负了。"

终于到了10月23日。这天上午，蒙哥马利发表了他在战争期间的第一份私人文告。这是一份极富战斗性和鼓动性的文告。他说：

"当我接任第8集团军指挥时说过，政府的命令是要歼灭隆美尔与他的部队，并说准备就绪，我们立即行动。我们现在准备好了。马上要打的将是历史上起决定性作用的战役之一。它将是战争的转折点。"

当夜21时40分，英军阿拉曼防线上的多门大炮同时开火，隆隆炮声揭开了阿拉曼之战的序幕。

用来压制已侦察好位置的德意炮群，炮击持续了15分钟。21时55分，炮击全部停止，整个战线沉寂5分钟。5分钟后，这些大炮再次开火，它们将暴雨般的炸弹全部倾泻到敌前沿阵地。接着，在烟幕尘雾中，进攻开始了。所有的德军都在顽强地抵抗。但战役开始前蒙哥马利实施的炮兵压制射击和随后的拦阻射击严重破坏了斯图姆的步兵重武器，许多火炮被毁不能使用。更糟糕的是，破坏了他们的通讯系统，结果斯图姆无法了解情况控制形势。此外，斯图姆还担心弹药缺乏，因此，下令在英军进攻之初炮兵不得进行防御射击。

这样，到次日上午5时30分，奉命进攻的各部队基本达到了他们的主要目标地。两个重要的走廊均已打通。

可是，就在这时候，蒙哥马利的时间表被打乱了。

原来，当前锋步兵部队到达雷区时，德军开始还击了。越来越多的大炮向着正在布雷区前进的英军士兵与车辆射击。除地雷场中开辟通道碰到困难外，各处散布的地雷也造成了英军严重延误与大量伤亡。因沙漠中没有别的明显地貌特征，加之烟尘造成能见度低，英军在前进中遇到太多顽抗的敌防御阵地。

虽然进攻进展得不够顺利，但是在24日蒙哥马利却得到了意外的收获。代替隆美尔指挥北非战场的斯图姆因情况不明亲临前沿观察，阴差阳错地来到了澳大利亚师阵地前。澳大利亚师的士兵立刻开枪，打死了他的副官。于是，司机掉转车头逃命，斯图姆在慌乱之中心脏病发作致死。希特勒得知此讯后，立刻电召养病的隆美尔火速返回非洲。

拉姆斯登为第10军军长，一开始就怀疑蒙哥马利让坦克在狭窄走廊中穿过的做法。他认为，当坦克冲进了敌军火力掩护的雷区后，最前面冲锋的坦克一旦被敌击毁，后续坦克就将进退维谷，成为敌反坦克炮的目标会遭受毁灭性打击。因此，第10装甲师受阻后，他立刻建议蒙哥马利将坦克从走廊地带撤回，重新编组以避免损失。

对此蒙哥马利甚为不满，于是，他直接联系第10装甲师师长盖特豪斯，要求他在当晚一定要打到开阔地带，为新西兰师提供保护。他强调，要不惜一切代价。盖特豪斯也不赞同，他认为这是盲目地消耗自己的兵力。从战术角度讲，拉姆斯登与盖特豪斯的意见是正确的，但蒙哥马利认为这样对整个战局不利。不断对敌施加压力是他的目的，而同时也要尽可能少地降低步兵的伤亡。为了这个目的，即使一些坦克损失，也在所不惜。因此，他对盖特豪斯说，必须以一个旅的兵力，不惜牺牲地向前挺进。

这一天，空军发挥了作用。沙漠空军在进攻前对敌实施了猛烈轰炸，且在整个战役过程中都不停顿地对第8集团军进行了战术支援。仅在24日，沙漠空军就出动了大约1000架次，主要直接支援集团军。"台风"式轰炸机痛击了敌基尔集团；敌坦克集团也在轰炸中遭受重创。英国空军牢牢掌握了控制权，为英军战线撑起了空中保护伞。

夜幕降临时，为保障向前推进第10装甲师的工作已在进行。利斯却接到报告，说"拉姆斯登还未做好进攻准备"。经询问，原来对这次作战拉姆斯登还是没把握，因为山脊上的地雷场比预计的纵深要大，且德军狙击炮火猛烈，尤其是他们把88毫米高炮改来打坦克，其命中精度高、破坏力强。就在这时，德军炮火又击中了第8装甲旅的油料车，坦克、车辆顿时一团乱，成了德军反坦克炮瞄准的活靶子。鉴于此，于25日凌晨第8装甲旅旅长卡斯坦斯向他的师长盖特豪斯建议，应予取消他的进攻。盖特豪斯向拉姆斯登提出同样的建议，拉姆斯登同意并上报德·甘冈。

这样就发生了蒙哥马利称之为"战役中的真正危机"而德·甘冈称之为"第一踏脚台"的事件。蒙哥马利当时正在熟睡。德·甘冈认为事情很严重，便通知利斯和拉姆斯登3时30分来开会，然后他叫醒了蒙哥马利。

蒙哥马利断定拉姆斯登得了"意志薄弱症"，他向拉姆斯登重申，他的计划必须得到执行，绝不允许撤退。最后，他甚至毫不客气地说，如果拉姆斯登和盖特豪斯不赞成继续推进，他将找别人来代替他们。

战斗在继续进行。

到25日晨8时，先行装甲旅已冲过布雷区，突进2000码外的阵地上。接着捷报又传：新西兰师的第9装甲旅也已冲过雷区，到达指定目的地。德意非洲军对英军的突出部进行了反突击，但是被英军挫败了。因装甲先头部队楔入敌军防线时建立了对付敌军任何反攻的阵地，蒙哥马利此时就可以按计划集中全力对敌步兵实施"粉碎性"打击了。

多支部队投入了进攻。战场上越来越乱，西南面的新西兰师陷入苦战，遭遇了德军最顽强的抵抗。鉴于此，蒙哥马利决定将"粉碎性"作战的矛头转向北面澳大利亚战线。形势很明显，在北面战线有获胜的希望。因在南面，24日夜至25日黎明前，由第13军发起的"二月"雷场的第二次进攻已告失败，第50师接替自由法国部队也再次被德军击败。蒙哥马利在南面战线上的部队就全部处于守势了。

这时候，隆美尔返回前线，苦苦支撑的非洲军像是被注了一支兴奋剂，顿时活了过来。

25日夜到26日黎明前，澳大利亚部队按计划进行了"粉碎性"作战。第9师的一次干净利落的进攻，使他们逼近了海岸公路，但是装甲师和高地师却没什么进展。经过三天的作战，第8集团军在整个战线上的进攻渐呈颓势。

此时，敌我双方都陷入了非常艰苦的境地，一方面是英军对于此次战事所投入的人力物力越来越多，物资已逐渐难以为继；另一方面，隆美尔的回归虽然一定程度上振奋了德军的士气，但是，德军在战局上依然没有优势，对于隆美尔来说，他所面对的情况甚至要比蒙哥马利的还要严峻。

11. 阿拉曼大捷

严峻的战局令蒙哥马利不得不开始思考新的计划，经过反复考虑后，蒙哥马利头脑中出现了一个新的计划的轮廓。这一计划被他称之为"增压"，通过实施一次大的机动重新部署部队，以实施猛烈的最后打击。其主要点就是把第7装甲师由南面调过来加强北面攻击力量。

10月28日，蒙哥马利把他的新计划准备停当。对这个计划，他很有信心，认为它可以给他和盟国带来决定性胜利。

早上8时，他下达命令给利斯和拉姆斯登：第1装甲师须撤出战斗，重新编组，并转入预备队，待他猛攻得手时再出击。中午时分，他又命新西兰师沿澳大利亚师的作战方向顺海岸继续打下去，为加强力量，调第9装甲旅归他们使用，该旅可优先补充坦克。同天晚上，他又命南线的第7装甲师采取机动，迅速撤离战线，转到北面。该师第4装甲旅仍留在南线上，第44师的第131步兵旅转隶第7装甲师。这样就为他的"粉碎性"打击建立了强大的预备队。

蒙哥马利设定了新的计划，对手也并不示弱。隆美尔不愧是"沙漠之狐"，他已嗅出了蒙哥马利变更部署的企图。很快，蒙哥马利得到情报，隆美尔把自己的预备队第21装甲师与第91步兵师，全部调到北海岸，准备同英军决一死战。

这份情报极具重要的价值。据此，蒙哥马利得出结论：隆美尔已把他全部精锐部队投入到北面作战地段，在他的手上已无德军预备队了。这样，蒙哥马利认为战役开始前威廉斯所建议的情况，即把德军同意军分开十分有利的可能性出现了。于是，他决定对"增压"计划做小小的修正，即澳大利亚师向北部海岸方向继续冲击，而新西兰师的出击线则向南移动少许，猛攻德意联军的结合部，撕开缺口。然后，第10军全部力量——第1、第7与第10装甲师，外加两个装甲车团将冲进这个缺口。

10月30日夜，澳大利亚师按计划向北发起第三次攻击。它的成败直接关系到"增压"作战的准备。他们打得很出色。在德军的顽强抵抗下，他们虽然没能打到海边，但他们夺取了公路和铁路沿线的许多阵地，像是一把锋利的尖刀插进了德军的防线。德国坦克部队从西面发起了凶猛的反攻，但澳大利亚师像钉子一样牢牢地钉住了这个突出部，为"增压"计划的顺利实施立了一大功。

至此，"增压"作战准备工作已全部就绪。但蒙哥马利又把发起总攻的时间推迟了24个小时。这一建议是由弗赖伯格提出的。他的部队与其他配属部队的配合尚有一些问题，如果按原定计划发起总攻，预期的坦克决战可能不会出现。蒙哥马利同意这一看法，认为在当夜进攻，确有可能功败垂成。于是，他把"增压"作战的总攻时间改在了11月2日凌晨1时5分。

"增压"作战的总攻于11月2日凌晨正式开始。步兵师不负众望，出色地完成了任务。第151旅与第152旅在规定的时间内夺占了目标，位于他们左右两翼的第28毛利营与第133车载步兵旅也夺取了能保证执行翼侧保卫任务的阵地。至于第9装甲旅，他的任务更加艰巨。

与第9装甲旅作战的德军有坚强的防坦克战壕工事与火力。第9装甲旅的冲锋是在6时15分发起的。当第9装甲旅的坦克冲向德军的炮群时，德军的反坦克炮发出了万道火焰，击毁了许多坦克，躺在路边，冒出浓浓的黑烟。但第9装甲旅还是冒着炮火，继续发起"自杀性"冲击。经几个小时的残酷战斗，第9装甲旅损失惨重，94辆坦克只剩下20辆，官兵伤亡230余人，而仍未突破德军的火炮防线。但是，生死攸关的桥头堡被他们牢牢地控制了，保证了后续部队进军路线的畅通。

第1装甲师紧随第9装甲旅穿过走廊，与德第21装甲师的部队展开了一场激战。原来，隆美尔这时发现英军的主攻方向由北部转向了德意军结合部，急命第21师向南移动，以堵住第8集团军在他的结合部上打开的缺口。双方在这里打了一场战役中最猛烈的坦克会战，这正是蒙哥马利所预期的。越来越多的德意坦克在大炮和反坦克炮的支援下，加入了战斗，但英军的炮兵和沙漠空军也同样予以了有力的还击。经过两个小时你死我活的拼杀，隆美尔的第一次反攻才暂时停止。

隆美尔在午后不久，又增加新的装甲师和炮兵，发动第二次反攻，结果受挫。此时的隆美尔非洲军团只剩下35辆坦克了。在分析了形势后，隆美尔认为凭他现有力量根本不能阻止英军的突破，为免遭全歼的厄运，他决定把队伍撤到富凯。

希特勒阻止了准备撤退的隆美尔，这等于帮了蒙哥马利一个大忙。11月3日，希特勒电报命令隆美尔："在目前你所处的形势下，除了坚持战斗，不能有其他想法，不得放弃一寸土地，要把每一个士兵、大炮都投入战斗，不胜利毋宁死！"

这封电报使隆美尔心灵受到严重创伤。他说："我按最高当局的指示发出坚守现有一切阵地的命令时，一种麻木不仁的感情攫住了我。"因为，按希特勒的命令，无异于让非洲军团引颈受割。在下达继续战斗的命令时，拜尔莱因问隆美尔："真的要按元首的指令办吗？"隆美尔沉重地回答："我无权同意你违抗命令。"冯·托马插话道："我无法'不放弃一寸土地'。"这时，南面的英第13军也突破德军防线。冯·托马驱车前往察看战场情况，不料落入了进展神速的英军坦克部队的包围，被迫投降，成了蒙哥马利的战俘。

此时，非洲军团已经全线崩溃。尽管隆美尔没有下达撤退的命令，但他的部队事实上已在溃退。隆美尔是位忠诚尽职的军人，也是位清醒现实的统帅，他终于下了决心，决定要"挽救还可以挽救的东西"。11月4日15时30分，他发出了全面撤退的命令，竭尽心智地组织了一次精彩的撤退。他指挥残余部队摆脱了混乱不堪的局面，从这场让他心碎的阿拉曼战役中脱身出来。

至此，经过12天的战斗，终于以第8集团军的大获全胜而结束了阿拉曼之战。在这次战役中，第8集团军伤亡13500人，大炮损失100多门，约有500多辆坦克被打坏（其中大部分可修复）。轴心国方面约有伤亡20000人，30000人被俘，其中包括非洲军司令冯·托马等将军9名。其坦克损失更是惊人，当隆美尔撤退时，他的坦克只剩下30辆。第8集团军无可否认地赢得了全面的胜利。这场胜利扭转了非洲战场的局势，宣告了北非战场的战略转折。

在伦敦，欢庆胜利的钟声回响在空中。一直精神沮丧的丘吉尔，此刻得意地说："阿拉曼战役以前，我们总是失败；阿拉曼战役之后，我们再没打过一次败仗。"

第五章　从北非到两西西里

1. 暴雨

阿拉曼战役的胜利，给蒙哥马利的肩章上又多添了一颗星，他被晋升为英国陆军上将，同时授予巴思骑士勋章。

隆美尔这时已撤至富凯。他本打算在这儿停留让正在行军的步兵摆脱困境，但很快认识到这是无希望的。第8集团军在阿拉曼战役结束后，11月5日，便马不解鞍地向非洲军团发起了追击。当夜，隆美尔决心，必须抛弃步兵，让其听天由命。而后，继续亲率机动部队向马特鲁港撤退。

英军部队随之展开了追击。第一天，蒙哥马利部队的推进速度非常快，但从11月6日起，部队行动迟缓了起来，这主要是由于天灾与计算失误造成的。

一年以前，大雨曾经在"十字军"行动中，拯救过隆美尔，现在大雨又来营救他了。隆美尔此时已撤至马特鲁港。在他的正面，新西兰师正迎面冲来，而在他的两翼，第1和第7装甲师正在向他分进合击。就在这时，一场倾盆暴雨阻住了英装甲部队的前进。在给艾伦·布鲁克的信中，蒙哥马利这样抱怨："一场大雨救了他（隆美尔）。当我差不多已到达马特鲁港并且很快就要攻击他的运输车辆时，滂沱大雨把沙漠变成了一个大沼泽。"蒙哥马利说的是事实。但妨碍他们的不仅是大雨，因为这种天灾给双方都带来了困难，还有一个原因是汽油不够了，这与蒙哥马利的失误是分不开的。

蒙哥马利要求，在部队发起追击时多带弹药。而追击部队则认为应该卸掉一些弹药，多带汽油。蒙哥马利拒绝了，认为这些忧虑是多余的。他说将会有运输车跟在后面，随时给他们加油。而实际情况是，第一线的运输车因夜暗同部队跑散了，而第二线运输车还在很远的地方，一场暴雨又使它们基本无法向前。到11月7日，它们离供应第一辆卡车的加油点还有40英里。3个装甲师没办法只好停止追击，在沙漠的泥滩中等待着汽油。结果他们等了整一天。而隆美尔却抓住了这24小时的喘息之机，把大部分残余部队沿海岸公路撤走了。

第二天清晨，当英军进入马特鲁港时，港内已无人影。扑了个空的第8集团军只得原地肃清残敌，以待下一步的计划。

当第8集团军还在清理马特鲁港的残敌时，在北非由艾森豪威尔将军率领的盟军开始登陆了。这个消息对隆美尔来说，是一个致命的打击。这意味着一支强大的英美军队将要出现在他的后方，他认为这"宣告了非洲德军的灭亡"，要尽快向西继续撤退。为此，他打算不惜一切代价地避免激战，放弃昔兰尼加这个极其重要的阵地。

第8集团军于11月12日，进入了埃及。三天后，他们又夺占了迈尔图拜附近的机场，接着又夺取了德尔纳附近的机场。丘吉尔在伦敦不断地唠叨："我的蒙蒂真让人高兴呀！"现在英军已能对马耳他提供援助了，尽管迈尔图拜的机场因大雨暂时不能使用，但护航船队已能开入该岛，马耳他又活了。11月19日，第8集团军开进了班加西。两星期后，又一护航队开进马耳他。从此，该岛再也没有过危险。

面对如此境况，隆美尔继续向他的后台老板请求后撤。11月22日，希特勒告诉他：

"必须坚守阿盖拉隘道，不许后撤。"这是最后命令。无奈，他只好一边着手把阿盖拉附近的阵地尽可能修得坚固，一边继续同他的上级交涉后撤。

第8集团军的追击部队于11月23日，迫近了阿盖拉。蒙哥马利下令用少量部队骚扰隆美尔，其余部队就地休整。这样，双方再次出现对峙。这是自10月23日发起阿拉曼战役以来，首次大的战斗间歇。现在，蒙哥马利要做的是静下心来检查形势，并考虑追歼"沙漠之狐"的第二步计划。

蒙哥马利将第二步的追击目标定在了的黎波里，这也是第8集团军自战争开始以来总在考虑的目标。不过，当务之急是把隆美尔从阿盖拉的阵地上赶走。

隆美尔也同样并不想同蒙哥马利在阿盖拉的阵地交战。他很清楚自己已经输掉了这场战争。

尽管隆美尔已认定自己输了，蒙哥马利却未意识到自己已赢了。因为第8集团军此前也曾两次攻到了阿盖拉，都因隆美尔做好了准备，把他们又赶了回去。因此，他决定"必须尽快攻下阿盖拉，以免拖久士气低落"。

蒙哥马利觉得，隆美尔的防御阵地是非常坚固的。但隆美尔心里很清楚，他的南翼其实非常脆弱，英军很容易突破这里。更可悲的是，因缺乏汽油，他无法使用坦克赶走突入的英军。他这样写道："我到达这地区就发现，不管怎样坚固的工事都无济于事，因为敌人尽管会遇到困难，还是能够迂回整条防线。"

阿盖拉战役在12月13日，打响了。隆美尔边组织抵抗，边让队伍向后撤。此战非常顺利，就像蒙哥马利说的那样："我们正面一攻，敌人就开始撤退。"蒙哥马利当然不愿意看着隆美尔溜掉，对此他做了准备，命令新西兰师迂回200英里至隆美尔身后，形成夹击之势。可惜的是，新西兰师推进速度不够快，致使德军从他们的阵地的缺口不断地突围出去。双方在此激战。非洲军团虽遭受重创，但还是突围到布拉埃特阵地。于是，蒙哥马利命令新西兰师收兵，在努菲利阿进行休整，轻装甲部队对隆美尔军继续跟踪，在布拉埃特阵地进行骚扰性攻击。

至此，阿盖拉战役胜利结束。现在，蒙哥马利与他的第8装甲军已深入的黎波里塔尼亚，距出发点阿拉曼已超1200公里。隆美尔已被决定性地打败了。结束非洲战争只是个时间问题。

2. 追歼沙漠之狐

12月29日，蒙哥马利的先头突击部队逼近了德意军在布拉埃特设置的阻击线。蒙哥马利开始考虑怎么对付眼前这支残军。他决定，对布拉埃特的进攻要在坚持以下两点的情况下进行：一是"不要敌人撤退，要敌人坚持在原地打"；二是必须能够保证第8集团军"长驱直入的黎波里，不能让敌人延迟或阻止"。

德意部队虽然撤至了布拉埃特，但无论是隆美尔还是巴斯蒂柯元帅，都不认为这个阵地能够长期坚守，隆美尔甚至已经在考虑撤往突尼斯，以防从另一方向进攻的英美军队夺取加贝斯隘口断他的退路。这时，他听到英军在开罗的广播电台说，他和他的部队已经被装入蒙哥马利的瓶子，瓶盖即将旋上。隆美尔对此报以苦笑，他对参谋们说："只要我的坦克能够加满油，瓶子是装不住我的。"然而，墨索里尼依然拒绝撤退。在发给巴斯蒂柯和隆美尔的电报中，他说："要尽力抵抗。我再重复一遍，要用布拉埃特阵地上的全体德意军队尽力抵抗。"这正是蒙哥马利所希望的。

不过，隆美尔毕竟是一个雄辩者，他终于迫使意军最高统帅部在12月31日授予巴斯蒂柯这样的权力：如果他受到严重威胁，可自行决断。而实际上，隆美尔已经在开始撤退他所指挥的意大利军队。

蒙哥马利把他的进攻时间安排在1月15日，由第30军负责。该行动的要点在于速度，必须保证在10天之内到达的黎波里，否则将会因后方勤务跟不上而被迫撤退。

进攻开始之前，大自然的力量几乎再次挽救了隆美尔而挫败了蒙哥马利。1943年1月4日，地中海狂风大作，班加西港的防波堤被冲毁了，船只脱缆在港内冲撞，锚位、仓库都被毁了。港口的吞吐量从每天3000吨一下子就降至1000吨，班加西实际上已失去了一个据点港口的作用。蒙哥马利不得不把第10军调去执行运输任务，从千里以外的托卜鲁克向这里运输物资，才算勉强捱过了这一"十分尴尬的局面"。

战斗在1月15日打响了。隆美尔象征性地做了抵抗，再次带部队后撤至突尼斯山区。英军通往的黎波里的道路被完全打开了。第8集团军顺利地向前推进，路中只遇到力量微小的抵抗。1月23日早晨，第8集团军如愿以偿，进入了的黎波里。

从1942年10月23日蒙哥马利发起阿拉曼战役到1943年1月23日进入的黎波里，正好花了3个月的时间。这个时期，整个反法西斯战争的形势有了很大变化。1942年11月"火炬"行动取得成功，苏军于1943年1月取得斯大林格勒战役的胜利，美军攻占了太平洋上的瓜达尔卡纳尔岛，加上蒙哥马利在北非的空前胜利，这些加起来构成了整个第二次世界大战的战略转折。

2月3日到2月4日，丘吉尔与布鲁克来视察第8集团军，并检阅了战功卓著的苏格兰师、新西兰师、装甲和后勤部队。这些胜利之师军容整齐，十分威武，给丘吉尔留下了深刻的印象。

卡萨布兰卡会议，这时候已经结束，艾森豪威尔成为盟军总司令，亚历山大的职权也扩大了。2月17日，他被任命为在法属非洲作战的盟国部队副总司令。他主要是把安德森的第1集团军与蒙哥马利的第8集团军由各自为战转向统一，在他们之间搭起桥梁。

轴心国方面的情形同样如此。隆美尔从的黎波里脱身后，在马雷特防线站稳了脚跟。他和突尼斯德军指挥官冯·阿尼姆之间的责任界限正好定于加贝斯隘口的北面。他的第21装甲师已进入冯·阿尼姆的辖区内。这样，德军的两条战线也联系起来了。但是，隆美尔从的黎波里撤得过于突然，造成意大利人凯塞林（南线德军总司令）与希特勒的参谋机构全都反对他。1月26日，意军最高统帅部发出电报指示隆美尔，鉴于他的健康状况不佳，将由梅塞将军来替换他。

隆美尔的健康状况确实不佳，但他一点也不气馁。2月8日，在给妻子的信中，他说："我决定，不管自己的健康状况如何，只有在接到命令时才放弃对部队的指挥。"实际上，他已经在准备进攻了。这一次的进攻目标是在突尼斯西南部的英美军队，而不是蒙哥马利的第8集团军。隆美尔要向世人显示，"沙漠之狐"可不是浪得虚名。

隆美尔注意到，由于美军刚刚参加这次战争，十分缺乏作战经验，相对于英军来说，战斗力要弱一些。所以，他决定以美国第2军为打击对象，以一次决定性胜利迫使盟军退出北非。

美第2军当时驻守在费德山口，该地是英美盟军供应点的最南端。隆美尔首先以一支不大的力量袭击了该军防守部队，并全歼了一支配合美军作战的法军小部队。得知此讯后，艾森豪威尔和安德森判断隆美尔要酝酿一次大的攻势。但他们错误地认为，对费德山口的进攻只是一次佯攻，其主攻方向将在本杜克一带。于是，他们将战斗力较强的B战斗群和一半的美军装甲部队留在本杜克后面，以防守这个预期的进攻线。

德军真正的攻势于2月14日开始，目标仍为费德山口。隆美尔将坦克部队分成4个战斗群向远距离迂回，在黑暗中从翼侧将美军A战斗群包围。艾森豪威尔明知上当，却来不及改变部署了，只好一面突围，一面让安德森的坦克营去攻击隆美尔的侧翼。结果，突围部队虽冲出了包围圈，但一个营的坦克、大炮全部拱手让人，而攻击隆美尔侧翼的坦克营，侥幸留下的只有4辆坦克，其余则化作了隆美尔的盘中餐。

这就是隆美尔献给盟军的情人节（2月14日）礼物：把他们赶出了费德山。

隆美尔在继续前进着。2月20日，他向盟军的卡塞林山口发起了进攻。次日，在阿尼姆第10装甲师的增援下，隆美尔突破了盟军的防线，并冲上通往塔拉的公路。守军无法抵挡猛烈的攻势，被迫退入预先构筑的塔拉阵地。隆美尔狡猾地用俘获的一辆英国坦克打头阵，其余坦克紧跟其后。这一招奏效了，守军把德国坦克看成了掉队的英国坦克。德军冲入阵地，歼灭了部分步兵，击毁许多车辆。

2月22日，因盟军的抵抗越来越强烈，而德意军队的后勤补给日益困难，隆美尔决定结束这次攻势。当天，德第10装甲师和隆美尔的军团从他们挺进的最远点陆续后撤了。

卡塞林之战，为隆美尔的一大杰作，他领着残兵剩卒，取得了一次辉煌的胜利。虽然，他没有达成把英美盟军赶出北非的战略目的，但他用极小的代价获得了美军伤亡5000余人，毁伤盟军坦克近200辆的战果，使明朗的非洲战局再次变得模糊起来。

在此时，亚历山大当然忘不了蒙哥马利。2月20日，蒙哥马利收到了他的电报，要求第8集团军竭尽全力对敌人施加压力，以减轻美国盟友的负担。

不过，蒙哥马利认为还是谨慎为妙，一方面依然不紧不慢地为进攻马雷特防线做准备工作，另一方面提防隆美尔像对付美第2军一样，对他也来一次"外科手术"。

3. 垂死挣扎

正如蒙哥马利所料，隆美尔果然想再演一次卡塞林之战。他决定将作战地点选择在梅德宁。可是，蒙哥马利一直在提防他这一手，获知了他的情况，便率第8集团军在梅德宁埋下重兵，严阵以待，准备再打一场阿拉姆哈勒法之战。

3月6日，隆美尔如期发起了"卡普里"进攻。开始进攻不久，便被盟军强大的炮火打得七零八落。傍晚时，隆美尔感到觉得继续进攻会陷入包围，便下令放弃了，留给盟军40多辆坦克。

梅德宁的失败，将隆美尔的如意算盘打碎了，失去了唯一可以拯救在非洲德意军队的转机。隆美尔已不可能赶在亚历山大和蒙哥马利会师之前，打垮其中一部。

这一刻，隆美尔彻底地绝望了。这盘棋的残局他无法再下了。3月9日，这位"沙漠之狐"挥泪告别了随他出生入死的非洲军团，告别了给他带来荣耀与耻辱的撒哈拉大地，登上了飞往罗马的飞机。

3月20日，蒙哥马利率军向德军的主要阵地——马雷特防线发动了进攻。在发给第8集团军的文告中，他号召全体将士："向突尼斯前进！把敌人赶到大海去！"

马雷特防线原先是由法国人从的黎波里塔尼亚入侵突尼斯而修筑的长达20公里的防御系统。那里地形险要，又先后几次改进过工事，有"小马奇诺防线"之称，能否顺利突破这道防线，对蒙哥马利的指挥艺术是个考验。

蒙哥马利认为，从正面突破马雷特防线是十分困难的，因为在迈特马泰山到大海之间的回旋余地不大。经侦察，他找到了可以实施翼侧包围运动的隘口——怀尔德隘口，通过它能够到达哈迈平原、加贝斯与大海。据此，他决定采取进行大规模海岸进攻与正面佯攻相结合的战法，并计划右翼猛攻不奏效时，迅速转移兵力至左翼，在左翼实施猛烈的、决定性打击。

一切准备就绪后，蒙哥马利派第30军攻打马雷特防线的主阵地，新西兰军实施左翼包抄。在3月20日，战斗打响了。30军在马雷特防线主阵地发起猛烈攻击，并很快在强大的防御火力下夺取了两个据点，但道路因坦克在强渡干河时被破坏了，后续的车辆与反坦克炮无法随同过河。22日，德军第15装甲师进行了凶猛的反击，逼迫他们回到了干河边。在左翼的新西兰军队进展也不顺利，他们遇到了德第21装甲师和意大利部队的狙击。蒙哥马利当机立断，命霍罗克斯亲率第10军军部与第10装甲师加强新西兰战线，以便在左翼实行闪电式的攻击，同时，派印度第4师在中部开辟新的进攻线，向马特马塔山进攻。

3月26日，第10军与新西兰部队在左翼发动闪电攻击。蒙哥马利忘不了阿拉曼之战给他带来的荣耀，所以将这次进攻也取名为"增压作战"。当日下午4时，英军的背后，太阳直射敌人的眼睛。风向也有利于英军，当时风沙飞舞，英军处于上风头，风卷沙土直扑敌阵。德军没料到英军一反常规，会突然在白天对他们发起突击，被打得措手不及。

沙漠空军也发挥了重要作用。采用了低空轰炸的战术，和陆军形成了较好的协同，因此被陆军赞誉为"真正的低空闪电攻击"。作战中，他们共出动22个中队的"喷火"式战斗机、"猫"式轰炸机与"飓风"式反坦克飞机，在地面炮火射程外进行轰炸，将这些地区内敌人阵地上所有可见与移动目标炸了个粉碎。很快就粉碎了德军的抵抗。3月28日，英军占领了马雷特防线。

蒙哥马利再接再厉，继续向前挺进。4月6日4时，他对据守在加贝斯隘口的德军再次发起攻击。英军遭到敌人顽强的反抗，双方在此鏖战了一天。第51高地师在情况总结中这样报告："毫无疑问，本师在这一天经历了这次战役以来最为惨烈的战斗。"尽管第8集团军付出了巨大的牺牲，但4月6日这一天，他们并没有取得进展。

非洲军团虽然遏制了第8集团军的进攻势头，但他们的主要指挥官已丧失了战斗意志。4月7日，他们的战线突然崩溃，梅塞命令他的部队向西撤退。

蒙哥马利紧追不舍。4月8日，第8集团军与从加夫萨赶来的美国第2军会师，4月10日，他们占领了斯法克斯。至此，英第1集团军和第8集团军以及美国第2军，对德军形成了南北夹击之势。

第8集团军的快速推进，为蒙哥马利从美国人那里赢来了一架专机。原来，2月份的时候，蒙哥马利曾对艾森豪威尔的参谋长夸口要在4月15日前占领斯法克斯。史密斯参谋长说，如果那样，艾克（艾森豪威尔爱称——作者）将满足他任何要求。蒙哥马利可不会为美国人省钱，他说，如果那样，他将要一架飞机。4月10日当他到达斯法克斯后，他真的向艾森豪威尔打电报，要一架"空中堡垒"（美制B—17型飞机），艾森豪威尔只好允诺。得意之极的蒙哥马利对艾森豪威尔大加赞赏，称："作为一个伟大而又慷慨的人物，他决定提供一架美国飞机，备我在战争结束之前乘用。"

第8集团军此时已推进到突尼斯的大山脚下，在军事上已无法担任主要角色。蒙哥马利的敌人，此刻正据守着昂菲达维尔与塔克鲁纳的复杂山区。这个地方易守难攻，对它的任何攻击都要付出极大代价，却只能夺取极小的地盘。想突破这里的防线是不可能的，除非在人员与弹药上付出惨重的代价，打个像一战中索姆河那样臭名远扬的战役。因此，亚历山大与蒙哥马利一致认为主攻任务不应由第8集团军担负，它的任务是向敌人不断地施加压力，使敌人误认为担任主攻的是第8集团军，从而把德军牢牢地吸在当面阵地上。主攻任务将由第1集团军承担，因为他们的位置在突尼斯西部平原上，那儿适合装甲部队活动。

4月19日至20日，蒙哥马利发起了大规模进攻，以增加对当面敌人的压力。4月23日，第1集团军在西部发起了总攻，但进展并不顺利。

4月26日，蒙哥马利患了重感冒和扁桃腺炎，卧病不起。为尽快结束突尼斯战役，他请求亚历山大赶来见他。4月30日，亚历山大来了。蒙哥马利向他建议整编第1和第8集团军，以便在合适的地带使用最大的力量进攻突尼斯。具体做法是由霍罗克斯率他的第7装甲师、印度第4师、第201近卫步兵旅和若干炮兵部队去第1集团军方向，参加进攻。亚历山大对此表示完全同意。

于是，霍罗克斯便前往第1集团军。5月6日，他亲率部队向突尼斯守敌发起猛攻，当日即突破了敌军防线。5月7日，美国第2军攻占了比塞大港。5月12日，敌军有组织的抵抗结束。第2天，接替隆美尔负责整个指挥的意军总司令梅塞宣布向第8集团军投降。至此，非洲战争全部结束。蒙哥马利把隆美尔赶出了北非，并把他的军队全部歼灭在突尼斯，立下了赫赫战功；第8集团军也以辉煌的战绩向世人表明，他们是当之无愧的第一流军队。

北非大漠的烟尘散了，另一幅蔚蓝的画面展现在蒙哥马利面前，那是地中海，他要在那儿掀起一阵狂风。

4. 登陆西西里

进攻西西里岛的想法，早已有之。早在1941年，英军就在研究能否利用强大的"十字军"在进攻作战时扩大战果并同时进攻西西里。1942年11月，英国参谋长委员会还提出过一个叫作"港口—机场"的进攻西西里的计划。1943年1月，盟国方面正式决定在非洲战争结束后，首先把意大利解决掉，而其中第一步是攻占西西里，行动代号为"赫斯基"（亦称为"大个子"）。

艾森豪威尔为"赫斯基"行动的总司令，他的三个副手分别为亚历山大、坎宁安与特德。亚历山大任地面部队总指挥官，坎宁安是海军部队指挥官，特德是空军部队指挥官。2月份，艾森豪威尔又任命：东部特遣部队由蒙哥马利领导，最初称为545特遣部队，实际上是第8集团军；西部特遣部队由巴顿领导，即343特遣部队，即美国第2军，该军最后升级为美国第7集团军。这两支特遣部队听从亚历山大的司令部指挥，并进行作战，后来为方便起见，把他们合起来称为第15集团军群。

该计划虽然于1943年1月就已开始制订，但当时非洲的战争正处于最后的关键阶段，"赫斯基"行动的主要人物如亚历山大、蒙哥马利、巴顿、布莱德雷、特德等人正把他们的全部精力用于正在进行的非洲战争上。因此，"赫斯基"作战行动的计划一开始就被耽误了。想要成功登陆两西西里，需要新的计划。

艾森豪威尔在5月2日召开了最高会议，讨论进攻西西里计划。蒙哥马利到了阿尔及尔，便去找艾森豪威尔的参谋长比德尔·史密斯商议。当时蒙哥马利不是在他的办公室里而是在盥洗室里找到了他，两人便在那儿讨论了起来。蒙哥马利提出，美国人要放弃在战役初期登陆巴勒莫的主张，而应当去为空军夺取机场，第8集团军则仍在原来地方登陆。比尔·史密斯认为此计划可行，决定支持他。当会议正式开始后，艾森豪威尔又一次支持了蒙哥马利。于是，这个在盥洗室里提出的计划，变成进攻西西里的最后计划。

蒙哥马利的计划是正确的，但是，它把在战争中成熟起来的美军降低为次要的配角。巴顿不是个甘居其次的人，这必然伤害到他的感情。

蒙哥马利在计划通过后，深有感触地说："为制订作战计划的大事而斗争比打败德国人还难。我不明白德国人在制订他们的军事行动计划时是否也这样。"

非洲战争于5月13日结束以后，蒙哥马利回英国作短期休假。在那里，他同儿子戴维一起度过了一段愉快的时光。6月2日，他返回第8集团军，在那儿接待了英王的来访，并接受了英王亲自授予他的骑士爵位。

西西里登陆作战，在7月10日凌晨开始了。敌人弄错了盟军进攻的地点，将最精锐的部队部署在西西里岛西端。这使得英美军队顺利完成登陆。当天第8集团军占领了锡拉库扎，美军也在杰拉海滩建立了桥头堡。但是，胜利里也包含了些许悲剧意味。因空降技术在当时还不过关，英第1空降旅在实施空降作战时，有250人降落在海中被淹死，其他大部分也没有降到指定作战地域，投到目标区的只有87人。在杰拉内陆空降的美第82空降师也遭遇了不幸。这一教训是惨痛的，它为后来诺曼底登陆提供了经验。

登陆后的盟军，显而易见将下一个目标直指该岛西北端的墨西拿。它与意大利本土仅隔一条狭窄的水道，西西里守敌的补给全部来自该港口，一旦攻取，则可以扼住敌人咽喉，使之陷入绝境。蒙哥马利当然不会让这拔头彩的光荣落在美国人头上，7月12日，在给亚历山大的电报中，他说："我的作战情况非常好……我建议让我的集团军向北进攻，以便把该岛截成两半。"这样做，需要把美军降为他的掩护部队。7月13日，他又给亚历山大发去一封电报，要求为加快他的部队推进速度，他将要使用在美军作战地幅内的第124号公路。对蒙哥马利的这些要求，亚历山大非常痛快地全都答应了。

巴顿和布莱德雷愤怒了，他们感觉像是伤口上又被撒了一把盐。由于蒙哥马利提出新的最后的"赫斯基"计划，此战中美第7集团军的作用被大大降低了。现在，蒙哥马利又在亚历山大纵容下，从他们手里夺走一条宝贵的公路，以便得意扬扬地开往墨西拿。巴顿愤慨地说："英国佬的恶作剧太过分了，他把我们当成了初出茅庐的新手。"

但是，蒙哥马利并没取得预期的进展。他的企图被敌人识破了，迅速集中兵力阻止第8集团军前进。德军也在加强抵抗，希特勒通过凯塞林遥控这里的战斗，他决定保持一个桥头堡在西西里东北部，以掩护德军和较忠诚的意军向意大利本土撤退。由赫布控制防线，它是从东北海岸到东海岸的曲线，加上两条已存在的"旧赫布线"与"新赫布线"，构成了坚固的防御体系。结果，蒙哥马利的推进在埃特纳火山前被阻住了。

7月16日，亚历山大决定允许美军向巴勒莫推进，以便从第8集团军的正面吸引一批敌军。巴顿抓住这个机会，决定不顾一切地要抢得西西里战役的头功。他利用当面之敌较弱的有利形势，一阵狂冲猛攻，于7月22日进入了巴勒莫，7月27日占领圣斯特凡诺和尼科西亚，到达了敌军主要防线的边缘。

而此时的蒙哥马利仍被阻在埃特纳火山，卡塔尼亚平原上的部队又遭受了瘟疫的袭击。对此巴顿幸灾乐祸，他对休斯说："看看，咱们的表兄弟被打得鼻青脸肿。"这种情况直到7月26日才开始有了变化。因意大利政局变化，墨索里尼下了台，德军感到继续留在西西里已不明智。7月27日，凯塞林命赫布做好撤离准备，尽快、安全地撤离。这才让英军终于向前挪了窝，但作战仍很艰苦。8月5日，第13军推进到埃特纳火山和海之间的狭长地带，而第30军则进到另一侧的丘陵地带。8月13日，卡塔尼亚被第13军占领了。当8月16日傍晚第8集团军进入墨西拿时，却是巴顿的第3师第7步兵团接待的他们。原来巴顿在岛另一侧的进攻，基本上没遇到强有力的抵抗，早已先英军一步拿下了墨西拿，夺了这次战役的头彩。

西西里战役胜利结束了。它的意义不仅在于占领了敌人的一个前沿要塞，更在于它是隔海抛向意大利的一块大石头，砸碎了爱吹牛皮的意大利政府。但是，胜利中隐含着失败的成分，德军安全地撤回了意大利本土，他们同时还撤回了几乎全部的重型装备，以至于丘吉尔认为这不是"合理的战利品"。

对蒙哥马利来说，这次战役没能给他带来什么荣誉，为了能够成为夺取墨西拿的英雄，他一再地伤害了美国盟军的感情，可最后这顶荣誉之冠仍戴在了巴顿头上。但是，他的功绩是遮掩不了的。这次战役能够正确发动，应归功于他；而巴顿能够如入无人之境，是因为蒙哥马利的进攻吸引了德军的主要抵抗力量。当然，不可否认，这次战役比他在非洲所进行的几次战役要差劲得多。

5. 重返欧洲

占领西西里后，盟军的下一步行动，便是向意大利本土进军，痛击"欧洲的软下腹"。这一次战役的组织和实施，比西西里战役还要差。蒙哥马利就此曾这样抱怨："我们曾经提出向欧陆进军，但一旦打到那里之后，战斗该怎么展开，心中无数。"

作为战场指挥官，蒙哥马利并不了解核心层的活动。意大利战役的方针和原则之所以缺乏明确性，是由于英美两国间战略分歧所造成的。英国力图继续在地中海和巴尔干地区用兵，美国则急于开辟第二战场。1943年5月，华盛顿会议上就此作出的是一个模糊的决议：同意在1944年开辟第二战场，而西西里战役后在地中海的行动由艾森豪威尔去决定。此后，丘吉尔便开始了对艾森豪威尔的折磨，几次三番造访，向艾氏宣传在意大利继续作战的意义。

8月份，盟国魁北克会议再次讨论这一问题，美方仍坚持把横渡英吉利海峡进攻欧陆放在第一位；而英方却坚持间接战略，谋求以打垮支持者来摧毁德国，同时，英方还认为沿地中海北岸作战还可以防止苏联在那些地区扩大影响。这使得艾森豪威尔处于夹缝之中，最后只得拿出一个折中的方案，即利用西西里战役的有利时机攻入意大利。

造成拖拉的另一个因素是盟国与意大利的秘密谈判。7月26日，墨索里尼被赶下了台，意大利新政府就投降事宜与艾森豪威尔进行了接触。艾森豪威尔既要保证让意大利退出战争，又得让他的上司满意，煞费苦心。这种形势下，他无法给他的下属指挥官定下一个明确的指导方针，也不足为奇。在从7月31日到9月3日这段时间里，盟军方面制订了许多作战计划，其代号分别为"酒杯""敲板""滑膛枪""煽动叛乱者""硫磺""支柱""巨人Ⅰ""巨人Ⅱ""雪崩"和"贝镇"。最后，到西西里战役结束的那一天，即8月17日，采纳了最后两个方案。马克·克拉克将军的美第5集团军实施"雪崩"计划，负责在萨勒诺地区登陆，这一方向为主攻方向；蒙哥马利的第8集团军进行"贝镇"军事行动，负责渡过墨西拿海峡，此方向为助攻方向。关于它的具体目标，亚历山大曾亲笔写在半张信纸上："你的任务是在意大利半岛的趾部地带获得一个桥头堡，以便我海军部队通过墨西拿海峡作战。如果敌军从意大利南部即趾部地带撤退，你得全力追击。记住你愈能把意大利南端之敌拖住，那么你对'雪崩'军事行动的贡献就愈大。"

9月3日这一天，是战争爆发的4周年纪念日。从1940年5月被德军从敦刻尔克赶到海里那时起，蒙哥马利就梦想着重返欧陆。在非洲、在西西里，他先后把德国人赶进大海，可这还难消他心头之恨。凌晨4时30分，他开始实现自己的愿望了，第30军奉命向海峡进军，"贝镇"行动拉开了序幕。此时，盟军与意大利的谈判还在继续，第30军的两个师乘着夜色几乎没遇到什么抵抗就渡过了墨西拿海峡，踏上了欧洲大陆的土地。

差不多同时，美国第5集团军也在萨勒诺登陆。登陆部队遭到了德军的猛烈反抗。原来，德国人已经感到意大利靠不住了，气势汹汹地调来了19个师的德军来加强防卫，同时准备一旦意大利倒戈，就占领整个意大利。

蒙哥马利登陆后，按计划继续向前推进，以减轻美军的压力。但是，这时后勤供给出了问题，这是因他所推进地区的路况极为糟糕，更主要的是部队作为助攻部队，对西西里运来的供应物资无优先使用权，这使得用兵谨慎的蒙哥马利不敢轻兵冒进，结果再次遭到陈词老调的批评："蒙哥马利的行动太慢了！"甚至在美军部队里，有人这样挖苦道："难道蒙哥马利是爬行着来救我们的？"这种批评显然是不公正的。

蒙哥马利不理会那些闲言碎语，领着他的部队有条不紊地继续向前推进。从这时起，他在意大利的作战过程就是从一条河流向另一条河流稳步推进的过程。比费尔诺河是他们遇见的第一个障碍。蒙哥马利派出一支海上登陆突击队巧妙地迂回绕过了这个障碍，并于10月2日夜间至3日黎明前完好无损地夺取一个港口——亚得里亚海上的泰尔莫利港。在离海岸远一些的内陆，第78师建立了一个桥头堡。虽然德军在凯塞林的命令下，对该桥头堡发起了疯狂反攻，但第78师的勇士却始终坚守住了这个桥头堡。

德军只好被迫向特里尼奥河一线撤退，第8集团军则紧追不舍。此时，第8集团军才接触到实质性的意大利战线。一方面这是因特里尼奥河北岸为敌伯恩哈特防线的亚得里亚海一端，而他的北面20英里远地方是以卡西诺为中心的古斯塔夫防线。在这后面还有其他一些防线，其中最为险要的是大哥特防线，它是德军在阿尔卑斯山前的最后的防御堡垒。这些防线构成纵深防御体系，极难突破。另一方面，天公不作美。意大利南部的道路网本就很糟糕，此时又正值雨季，道路几乎变成一片沼泽。此时，部队的行动极为困难，但蒙哥马利还是集拢了集团军，贮存供应物资，伴着泥泞，在阴冷的雨水中向敌军发起了进攻。德军的抵抗虽然顽强且巧妙，但最终第8集团军还是于11月19日突破了这一防线，并占领了桑格罗河南岸。

现在，横在蒙哥马利面前的是德军的下一道防线——古斯塔夫防线，蒙哥马利打算马不停蹄地发起下一次进攻战役，一举突破桑格罗河。可是谁曾想到，这次战役竟然成为这位常胜将军不多的几次失败之一。

6. 再见，第8集团军

此时的第8集团军控制着桑格罗河的南岸斜坡，而德军则只用少量的守备部队据守着北岸3英里左右稍为平坦的地段，这是他们一惯常用的方式，主力则放在里科里山脊上，从海岸边的福萨切西亚发起并向内陆延伸。为了阻止蒙哥马利前进，德军对该处加强了力量部署，在40英里正面部署了4个师，并尽占地形之利。

蒙哥马利从不打无准备之仗，像往常一样对进攻作了周密细致的安排。但是，因德军的战线已大大加强，这场战役一开始就注定失败的结局。

第8集团军经过连续作战，事实上，此时已非常疲惫。步兵师更是如此。军官的人数也未达到定额。比如在蒙哥马利计划中负主要任务的第78师，于6个月的作战中，伤亡已近万人，此时还未补充军力，却又再次投入战斗，向沿海岸发起进攻。德军以逸待劳，以养精蓄锐之师对付已成强弩之末的英军，自然是稳操胜券。

这都不是最致命的，最可怕的是天气又恶化了。老天好像老是跟蒙哥马利过不去。因天气的缘故，已有多次扩大战果的机会从蒙哥马利的手里溜掉了。意大利的10月下旬，天气好像比哪年都糟糕。暴雨一下就是两三天，接着又是不断的毛毛细雨或茫茫雾霭，而山里还在下雪。

整个地区都变得泥泞不堪。就是在这样的气象条件下，第8集团军的进攻却在进行着，其难度可想而知。11月23日，新西兰师、印度师与第78师，经过浴血奋斗，在各自正面上都架起了一座桥梁，结果他们的努力被洪水冲刷，统统化为乌有。已突进到前方的印度师被涨起来的洪水截断，成为孤军。

尽管如此，第8集团军还是于11月30日占领了里科里。稍事休整后，蒙哥马利命令加拿大师和新西兰师向离海岸线更远一些的奥托纳和奥尔索尼亚进攻。12月20日，加拿大师向奥托纳发起进攻。该处守敌是德第1伞兵师第3伞兵团，其指挥官是一名巷战高手。因此，加拿大师用了整整一个星期同德军挨室逐屋地争夺，才最终占领这个地方。由于所花时间太长，德军在后方又形成了新的坚固防线。进攻奥尔索尼亚的新西兰部队，尽管在坦克上对敌占有绝对优势，但是仍无法突破敌人防线。德军防御部队坚守这个小镇直到战斗的声音逐渐消逝、蒙哥马利实际上承认无法达成战役目的、也就是承认失败。

此战役表明，在意大利，任何较小规模的行动，甚至是集团军一级的行动，都可能在最后被敌人堵住，桑格罗河战役就足以明证。就这样，蒙哥马利在意大利的作战以桑格罗河战役的失败划上了句号，另一项更重要的任务落在了他的头上——指挥在英国的第21集团军群。

12月24日蒙哥马利接到陆军部的通知，他刚刚睡醒，电报命令他迅速返回英国接替佩吉特，为开辟欧洲第二战场而组建的第21集团军群由他指挥。

这个消息使蒙哥马利十分兴奋。他对此前盟军在意大利的状况感到非常不快，他曾毫不留情地这样批评："既没有开辟新战场的宏伟设想，又没有总体计划，作战行动也未能掌握，而行政后勤工作也是地地道道的一团糟。"由于这些原因，想洗刷桑格罗河战役的耻辱的蒙哥马利，对调离意大利战场毫不遗憾。能被挑去承担如此重大职责，这本身就是莫大的光荣。何况，他一直认为，只有横渡英吉利海峡，向欧陆大举进攻，才能真正洗雪敦刻尔克之耻。

蒙哥马利首先要做的是解决带往英国的新班底问题。与德·甘冈商讨之后，他选定了参谋长德·甘冈、总后勤部长格雷厄姆、情报处长威廉斯、坦克部队顾问理查兹、随军总牧师休斯等5人。陆军部很快批复，准许他带走德·甘冈、威廉斯和理查兹。

接替蒙哥马利的是第30军军长利斯，他将于12月30日到任，蒙哥马利于12月31日离任。利斯非常熟悉第8集团军，因而移交不需要很多时间。

12月27日，蒙哥马利飞往阿尔及尔，看望了艾森豪威尔。艾氏这时已被任命为开辟第二战场的最高统帅。他告诉蒙哥马利，他打算把最初的地面战斗全交由蒙哥马利负责，驻英格兰的几个美国军团在进攻欧陆开始日及其以后的作战中也将由他指挥。此外，他们还讨论了英美军队在参谋机构一级的合作的必要性。12月28日，蒙哥马利返回了他在意大利的作战指挥所。

告别是件痛苦的事。在由阿尔及尔返回瓦斯托城的飞机上，蒙哥马利写了一篇情意切切的告别辞，其中这样写道：

"我实在很难把离别之情适当地向你们表达出来。我就要离开曾经和我一起战斗的战友。在艰苦作战与赢得胜利的岁月中，你们忠于职守的勇敢与献身精神，永远令我钦佩。我觉得，在这支伟大的军队中，我有许多朋友。我不知道你们是否会想念我，但我对你们的思念，特别是回忆起那些个人的接触，以及路上相遇时愉快致意的情景，实非言语所能表达。"

12月30日，在瓦斯托城里的歌剧院蒙哥马利举行了盛大的告别会，向第8集团军司令部的全体官兵告别。这对蒙哥马利来说，将是一次没经历过、更艰难的战斗。当他与德·甘冈赶到剧院时，登普西、奥尔弗里、弗赖伯格和布罗德·赫斯特已经到了，大厅里人山人海。他十分激动地作了告别演讲，他说："在这里讲话很易激动，但我会努力控制自己。如果说不下去时，请你们谅解。"听众们也都很激动。最后，蒙哥马利在欢呼声中结束了演讲，缓慢地走向汽车。目送他离去，许多人都湿润了眼眶。

当日夜里，奥利弗·利斯到任，蒙哥马利向他办理了移交。

12月31日上午，蒙哥马利乘机飞往马拉喀什。在随行人员中，他自作主张地把格雷厄姆带上了。用他的话讲，他要试试伦敦是否发脾气。一有机会，他还要把其他几位心腹爱将都挖过去。

意大利蓝靴渐渐变得模糊了，蒙哥马利感觉越来越清晰的是在他心中酝酿着的"霸王"计划。因离别而略有感伤的他，胸中波澜起伏，因为彻底洗刷敦刻尔克耻辱的时刻就要到了。

7. 西线计划

蒙哥马利踌躇满志，显然早就认识到自己会是最终打败德国法西斯的英雄，但他此时可能还不知道第21集团军群司令这一任命差一点儿与自己擦肩而过。

艾森豪威尔理所应当地成为指挥"霸王"作战的最高统帅，但负责指挥具体作战的地面指挥官由谁来担任，却悬而未决。对于此人选，英国陆军部曾正式向艾森豪威尔征询意见，希望他提名。艾森豪威尔和亚历山大在此前有过一次很好的合作，而多数美国将领也对亚历山大抱有好感，因此，艾森豪威尔在内心深处希望可以与亚历山大继续合作。出于某种考虑，艾森豪威尔并未明说，于是，他委婉地提出："我无权作选择，但不妨维持现状。"

对人选问题英国内阁有两种意见：一是主张选亚历山大，认为他军事才能卓越，还能与美国人很好地合作，因为在联合军队中，合作好坏是至关紧要的。以总参谋长布鲁克与陆军大臣格里格爵士为主的人主张选择更具作战才能的蒙哥马利，但这一主张招致其他人的强烈的反对。

幸运的是，他有布鲁克与格里格这两位坚定不移朋友的支持。他们坚持，在西欧登陆作战，事关紧要，必须选择一位精通战术并能激励士气的指挥官，就像蒙哥马利那样。他们的意见最后起了决定性作用，蒙哥马利终于获得了作战指挥官这一桂冠。

事后，他得知这一切，不胜感激地给老朋友布鲁克写了一封信，他说："亲爱的布鲁克，我非常感激你提拔我为指挥官。我知道这个职务很重要，我会尽全力来证明你的选择是正确的……"

1944年1月1日，蒙哥马利抵达马拉喀什后，立刻前往拜见正在养病的丘吉尔。丘吉尔正在病床上阅读一份文件，见到蒙哥马利后，他把文件递了过去，说："你看看这份文件，有什么意见？这是'霸王'行动计划草案，也就是俄国人已叫了两年的开辟第二战场计划。"蒙哥马利说："我未曾看过这份计划，也根本未同海空军长官讨论过这个问题。而且，我也不是首相阁下您的军事顾问。"

丘吉尔坚持要听听意见，蒙哥马利同意带回去先细细读一下。

那天下午，艾森豪威尔也赶到了马拉喀什，与蒙哥马利做了短暂的交谈。他说："据我掌握的情况，我不喜欢这个草案。"他授权蒙哥马利在他回欧洲以前，在伦敦作为他的全权代表，对该计划草案进行修改。

蒙哥马利在晚宴后，仔细阅读了这份计划。在1943年8月的魁北克会议上这份计划是经联合参谋委员会通过的。英国的弗雷德里克·摩根将军并在卡萨布兰卡会议以后受领这项任务。因计划是建立在兵力兵器都不充足的基础上，摩根本人对它也并不满意，他说："这个计划行不通，但你还得好好的把它搞出来。"

按新近在西西里与意大利获得的实战经验，蒙哥马利一眼就发现了该计划的问题所在。第二天一早，丘吉尔还没起床他便把一份报告交给了他。其中，他一针见血地指出：

"最初登陆的正面太窄，局限于过分狭窄的地带。此后更多的师将不断向同一些滩头涌来。到进攻欧陆开始的第24天，在同一些滩头上登陆的兵力将达24个师。到那时，要管好这些登陆滩头将非常困难。混乱状况不会得到改善，而将日益恶化。我的初步印象是：这个计划行不通。"

丘吉尔对蒙哥马利的意见很感兴趣，原来他也总觉得计划有点不对劲儿。现在，蒙哥马利为他做了分析，点出了其中要害，令他很是感激。他决定放手支持蒙哥马利和他的参谋班子对这一计划进行大幅度修改。在他心目中，蒙哥马利是堪当此重任的。

1944年1月2日，蒙哥马利由马拉喀什乘机返回伦敦。此时，德·甘冈等人已先他一天抵达了英国。他们就在蒙哥马利曾经就读过的圣保罗学校里，设立了第21集团军群司令部，蒙哥马利的办公室就是原校长办公室。蒙哥马利对此颇为得意，后来在《回忆录》中，他也不忘写上一笔：

"当年我虽然在圣保罗学校里算是个人物，担任过第15橄榄球队、第11板球队和游泳队队长，但从未踏进过这个房间。好像一定要成为总司令才能跨进这门槛。"

蒙哥马利并非把所有时间用来打赌。他明白自己所要指挥的这次联合作战，其规模之大是前所未有的，他可不敢掉以轻心。

由原英国本国部队统帅部组建的第21集团军群，建立已近4年。这是个没见过世面的部队，没去过海外，也无作战经验。多数高级军官长期泡机关，墨守成规成性。蒙哥马利对此毫不留情地采取铁腕做法，对参谋机构进行换血。他的高级军官立即接管了部门的领导岗位。

同时，他还向陆军部提出要求撤换高级指挥官事宜。经同意，他将登普西将军从意大利调回，任命第2集团军指挥官。

集结在英的美军组成第1集团军，由布莱德雷指挥。他要听从蒙哥马利的领导，蒙哥马利则要听命于艾森豪威尔，可铜陵人事之间的关系相当复杂微妙。

在对第21集团军群进行调整的同时，蒙哥马利加紧修订"霸王"计划。最终他提出对计划做出如下改动：

首先需要扩大首日进攻欧陆的进攻正面，以便能够从科唐坦半岛底部维尔河口以北区域延伸至奥恩河东侧。其次要由两个集团军并肩进攻，即第21集团军群在左面以3个师进攻，而美国的第1集团军则在右面以两个师进攻。原计划建议所有登陆部队均由一个军司令部或特遣部队司令部控制。经蒙哥马利修改的计划则提供了一个更强有力的、更简单的指挥结构。力量增强是显而易见的，而指挥结构更加简单则是因为两个国家的军队都有自己的进攻和扩张战果的区域，因此供应物资和增援部队能够毫不混乱地进入各自的区域。该计划规定，为方便起见，美军应全部在右面登陆，因为美军部队都集结在联合王国的西部，而且直接从美国运来的人员和物资要在瑟堡（估计能在进攻初期夺取）卸载。此外，新计划的进攻方案能保证各个军控制自己的滩头区域，因而能使后续部队和增援部队的流动较为容易。最后，新的进攻方案还意味着，在蒙哥马利同各集团军司令官以及军和师之间有了正常的指挥系统。

艾森豪威尔赶到伦敦正式就任最高统帅后，于1月21日批准了蒙哥马利修改过的上述计划。

新的计划被通过当然令人高兴，不过蒙哥马利还是要考虑登陆成功后，战事怎样展开的问题。因地面部队归他指挥，在他手下有4个集团军可供使用。按情报，他得知德国人认为英国人的战斗力比美国人强，于是，想出了愚弄德国人的一条妙计，即把他的部队摆在左翼实施佯攻，以吸引德军主力，而右翼的美军担任主攻，给德军意外的一拳。当然，对蒙哥马利自己来说，这个方案是痛苦的，因为它必定会引起一些盲目的指责——这些人不明白他最初的战斗只是佯攻，他会被指责为踌躇不前。但是只要能够取得作战的胜利，他不惜付出任何代价。

打定主意后，蒙哥马利把需要处理的细节问题再次交给了自己的参谋们，而他则利用空闲出来的时间，去做一些英国远征军以往的任何一位指挥官所不曾做过的事。

8. 不懈的"宣传家"

1944年春，蒙哥马利乘坐武装力量总司令曾经使用过的"轻剑"号专列，不拘形式地访问了将要参加"霸王"行动的每一支部队，以此来达到鼓舞士气和相互团结信任的目的。

每天，蒙哥马利都要进行两到三次检阅，每次万把人或更多些。受阅部队一律排成整齐的方阵。每次他都要同各部队的指挥官进行个别谈话，然后命令部队向内，他缓步通过行列，以使每个人都能看见他。在他检阅时，他对士兵的要求很松，他们可以采取任何站姿，不需要收腹挺胸，身子也可转动，这样可以一直瞧着他。最后，他站在吉普车头上，让士兵们围在他的周围，用朴素、简单的话语告诉他们将干什么，为什么要干；告诉他们德军是怎样打仗的，我们怎么打仗；还告诉他们经过检阅，他对他的士兵们已有了绝对的信心，希望他们对他亦有信心。通过这种方式，到5月中旬，蒙哥马利差不多检阅了100多万部队，其中不仅有英国人和加拿大人，还有美国人、流亡者、自由法国人、波兰人以及比利时人。同时，他也被他们"检阅"。

蒙哥马利这种兴师动众的行为，在一些要人中引起了忧虑，人们都交头接耳地议论这件事。一些政客已经在怀疑一个潜在的竞争者正在忙着为自己未来的事业构筑讲坛。最后，连丘吉尔也坐不住了，在发给伊斯梅将军的备忘录中称："现在似乎该就发表演这件事向将军们和其他高级指挥官重新发一个通知了……近来，演说和会见搞得太多了。"这显然是多虑了。

蒙哥马利的检阅得到了预期的效果，他得到了士兵们的普遍欢迎，甚至还赢得了美军士兵的尊敬和爱戴。对此，他不无得意地在他的《回忆录》里全文收录了比德尔·史密斯寄给他的一封信：

亲爱的将军：

我刚从一个最可靠的消息灵通人士方面，接到一份关于战斗中的美国部队的态度和思想状况的报告。其看法完全是公正的。他的报告有如下的段落，我希望你读后也会同我一样感到高兴：

对于最高指挥官的信心，堪称空前。登船待发的大批战士异口同声地把蒙哥马利将军当作英雄来崇拜。他们一致认为,除了他友好、真挚的感情和朴实的作风吸引着全体官兵外,最使他们感动的是(据我所知,这近乎传奇),将军看望了部队的每个战士,告诉他们说,他比谁都急于早日结束战争,让大家回家团聚。这给他们留下了热情而难忘的印象。

以上是逐字逐句的引语。我同美国士兵相处多年,深知他们天生地对一切外国东西不信任,我较你更能体会到。由于你领导有方,激励了人们的感情与信心。

你忠诚的

比德尔

1944年6月22日

除了鼓舞军队,还要鼓舞人民,长期的和平使人们淡漠了对军队的尊敬,战争初期的惨败将这种淡漠情绪发展到了极点。阿拉曼战役、非洲、西西里以及意大利的胜利在一定程度上恢复了公众对胜利的信心,但在公众中重振军队威信的工作仍刻不容缓。盟军方面其实已在考虑宣传与士气问题,曾建议"在驻英格兰的英军中尽早任命一批多才艺的人物担任职务,这样他们能够把人民中所缺乏的活力通过军队传给人民"。没想到,蒙哥马利用他自己的方式贯彻了这一要求。

他认为,要使战士的战斗意志不因人民的淡漠无情与怀疑态度而遭削弱,今后战争的物资供应与弹药不因工业人员倦怠而受限制,就要对已经精疲力竭、厌倦战争的公民进行鼓舞。因此,他在军需部的帮助下,走访了许多工厂,特别是那些加班加点生产"霸王"军事行动急需装备的工厂。

这些访问让蒙哥马利广泛接触了军队以外的民众。他对他们的演讲，始终扣着这一主题："不论是在前线作战的士兵，还是生产线上的工人，我们都是伟大的军队。工人们的工作同我们是一样重要的。把工人与士兵连成一个整体是我们的共同任务，打败企图统治欧洲与世界的德国。"

蒙哥马利的宣传活动，对一个军人来说，是把他引到了奇怪的讲坛上。1944年2月22日，他向铁路工人领袖发表演讲，赢得了他们的全力支持。

他于3月3日又来到伦敦港口，向1万多名码头工人、搬运工人与船舶工人讲话，主题仍旧是"为了打败德国同心协力"。鼓舞起了民众的热情。全国储蓄委员会主持了"为胜利支援空军与海军周"，凭借蒙哥马利的东风，发起新的储蓄运动。该运动为"向军人致敬"运动。3月24日，此运动达到高潮，蒙哥马利与格里格应邀出席讲话。蒙哥马利指出："在战争中，最重要的是人……因整体的同心协力，让我们赢得战役，从而取得大战的胜利。"蒙哥马利的宣传活动取得了巨大成功。他自信的声音时时回荡在千万民众的心中："我们将最终赢得胜利……"

9. 沙漠之狐再次上当了

在海峡这边蒙哥马利结束了他的宣传活动。德·甘冈等人现在已不负所托地拟好了登陆作战的细节计划。蒙哥马利在5月15日，将第一份计划正式呈递艾森豪威尔。

在海峡对岸的法国，希特勒已感到了压力的巨大。治危还需良将，他再次对隆美尔委以重任，让他同老对头蒙哥马利再进行一次较量。

　　自从隆美尔接任以后，蒙哥马利也注意到海峡对岸的形势有了很大变化。这只"沙漠之狐"以罕见的精力与才智改变了"宣传之墙"的无效能状态。在内陆，德军提高了3倍铺设地雷的速度。为防止盟军空降，隆美尔设计了"隆美尔桩砦"，用许多大木桩楔入地面，构成彼此相隔的森林，它们能刮破滑翔机底部。在海滩，隆美尔也为防止盟军登陆设置了大量障碍。蒙哥马利用钦佩的口吻说："隆美尔是想让我们再尝一次敦刻尔克的滋味。"对此，他强调，登陆成功后必须要抢占滩头阵地，牢牢控制格朗维尔——维尔——阿让唐——法莱斯一线敌人翼侧，并在手中牢牢地控制住包围的地区，只有这样才可立于不败之地。

　　针对某些人对隆美尔的恐惧心理，他指出，作为一个对手，隆美尔确实会给我们带来不小的麻烦，但他也会做出对我们很有利的事。他对隆美尔的防御方针做了正确地判断，并认为隆美尔在非洲的失败使他对丧失空中优势的坦克机动战已经绝望了，在盟军明显的空中优势面前，隆美尔必然"不打算在他自己选择的阵地上打坦克战，而是将自己的坦克部署在前沿避免坦克战"。而这场战争实际已证明了此防御是脆弱的，防线一旦被突破，就会全线崩溃。

　　蒙哥马利是这样考虑关于登陆的具体时间的。如选择高潮线登陆，可能会造成大部分登陆艇被凿穿，如选择低潮线登陆，步兵会在通过德军炮火射击的开阔海滩时遭受巨大伤亡。在权衡所有因素后，蒙哥马利决定在高潮到来之前的3点到4点间发起攻击。此外，还决定第二批部队登陆使用水陆两栖坦克，以便为步兵提供火力支援。后来的事实证明，这一决定是非常英明的。

　　上述关键问题已有了满意的解决办法，但为了突然地达成，还必须隐蔽登陆点，这对保证登陆成功至关重要。为此，蒙哥马利又利用了自己的拿手好戏——欺骗，他要牵着德国人的鼻子走。

无论是从防守还是进攻来讲，横渡英吉利海峡的登陆作战，最佳选择只有两处，一为"霸王"作战所选定的诺曼底，二是加来。加来比诺曼底的吸引力更大，因该处登陆航程短，且港口条件优越。因此，德军将最强的力量配备在此。蒙哥马利当然欢迎对方这么干，但是，他很担心盟军的计划会被隆美尔识破，为此，他精心实施了两项诈敌计划。

　　欺骗行动的目的是让德军深信盟军的主要进攻将在7月份第3个星期（即实际进攻开始日后6周多）发动，主要进攻前盟军还将从苏格兰进入挪威（这一方向也是希特勒一直不放心的）。与此同时，还有意散布这样的消息："盟军为在加来登陆，可能会对诺曼底进行佯攻。"

　　两项重大欺骗是双管齐下进行的。早在1944年春，英国情报部门就在利物浦找到了一位名叫克里夫顿·詹姆斯的中尉，此人相貌和身材酷似蒙哥马利，原先当过演员。情报部门决定让他担任蒙哥马利的替身，成为一场混淆视听的欺骗活动的主角。

　　詹姆斯被秘密送到了蒙哥马利的参谋部。蒙哥马利对他非常感兴趣，鼓励他说："你要承担的是项重大的使命，相信你能干好。"

　　在以后的一个星期里，詹姆斯很快就掌握了蒙哥马利的特点，如走路时背着双手，不时用手指捏一下左颊，紧紧盯着人看，头部挺得笔直，跟人交谈时不时伸出一只手来强调他的论点。他模仿得惟妙惟肖，几可乱真。

　　估计西洋镜不会被戳穿的时候，这位"蒙哥马利"开始了大肆活动。他一身将军服，头戴缀有双徽的黑色贝雷帽，乘飞机直奔直布罗陀。在机场上，大摇大摆地走下飞机，参加了欢迎仪式，然后坐上汽车，在直布罗陀招摇过市。他们的总督伊斯特伍德将军也像真的一样，用隆重的规格设宴招待了这位"蒙哥马利"。

第二天，"蒙哥马利"又飞往阿尔及尔。情报部门已将谣言预先散布了，说蒙哥马利将军会来这里执行特殊使命，大概是要在此集结一支强大的英美联军。"蒙哥马利"在机场招摇过后，进了威尔逊将军的总部便销声匿迹，不再露面。

有关蒙哥马利将军行踪的情报德国间谍当然不会遗漏，假消息不断地传回德军最高指挥部，他们当然想不到，竟然会有两个蒙哥马利。

此时，盟军也在英格兰东南部，制造了一个假象，使敌人相信在那里有一个完整的集团军和辅助的空军部队。这借助了以往一些残余设施，并利用外交与新闻手段，假装不慎露出蛛丝马迹，表明该处在使用秘密通信线路。同时，还有意识地将这里的无线电通讯增加到与集团军相称的地步。4月底，蒙哥马利已将前线指挥所迁到了朴茨茅斯地区，但为了骗局更逼真，他决定通过陆上线路将无线电信号由朴茨茅斯传送至肯特，再从那里播出。

蒙哥马利的欺骗奏效，隆美尔再狡猾也上当了。隆美尔在5月21日，这样说："盟军的主要突击力量在英格兰南部与东南部集结，此事已为蒙哥马利位于伦敦以南的司令部所证实。"这样，直到进攻发起前一天，即6月5日，德军还认为"加来海峡是受威胁的海岸"。这一天冯·龙德施泰特在报告中写道："斯凯尔特和诺曼底之间的主要正面仍是敌人最可能进攻的地点。"

这种欺骗效果被航空部队的活动加强了。作为欺骗计划的一部分，皇家空军与美国陆军航空队进行空中打击的程式是：每打击"海王星"区域的一个目标，必须打击加来海峡方向两个目标。选择打击的铁路目标，均在"海王星"区域之外。为此，蒙哥马利特别感激执行这一任务的航空部队，因为在打击非重要目标时造成了许多飞机与人员的损失。要不是为了引德国人上当，本来可以不用这样的。

谋划已久的作战即将开始，艾森豪威尔和蒙哥马利开始焦虑地察看气象情况。根据有关气象资料，在6月初，只有4天适合发动登陆作战。其理由是：

一、滩头上设置有大量障碍物，只有在退潮时才能排除。

二、排除这些障碍物至少需要30分钟。

三、为使海军的炮击与空军的轰炸充分产生效果，至少需要有一小时的白天时光。在某些情况下少些也行，但不宜要求更多的时间。

四、先头船只抵达滩头后，有3小时左右的涨潮时间。

考虑到这些因素，6月军事行动最早的时间只能是4日至7日。蒙哥马利认为6月5日是最好的日子，这也是计划中所确定的日子。6日也比较好。4日和7日条件则要差些。如果过了7日的话，下一个可能行动的时间将要推到两周以后。这样做将是危险的，蒙哥马利可不想让如此良机在自己的门上敲一下便转身而去。

6月2日，准备参加诺曼底登陆的部分军舰已悄悄驶离港口，向预定集结地靠拢。当日晚上，艾森豪威尔同蒙哥马利一起去索思威克大厦与天气和气象专家们举行会议。专家们对冰岛上空的低气压感到不安，但两人决定在6月5日发动进攻，不做任何变动。

6月3日，艾森豪威尔和蒙哥马利再次举行气象会议。消息并不太好。冰岛上空的低气压已扩散南下，表明今后一两天内，英吉利海峡上空不会出现好天气。他们决定进攻日期暂不变，待第二天上午再行决定。这时，已有几支护航船队又出发了。

"霸王"作战的主要负责人，于6月4日清晨举行会议。气象报告仍令人泄气。海军是可能登陆的，但有困难。因空军的行动大部分依赖天气，所以空军主张推迟。但蒙哥马利还是认为不宜推迟。艾森豪威尔经过一番的权衡，决定推迟24小时，于6月6日凌晨发起攻势。这天傍晚后，英吉利海峡上空出现了风暴。

6月5日清晨，几位指挥官又碰面了。气象部门预告风暴将会有所减弱，6日天气还算勉强过得去。这以后几天会有好天气，再就要进入天气多变的时期了。据此，艾森豪威尔决定马上行动了。他坐在那儿一言不发，闷头想了5分钟，然后面露春风地对蒙哥马利等人说："好，朋友们，我们干吧！"就这样做出了一个震动世界、影响战争全局的决定，不夸张地说，就在此刻，已经开始宣读了希特勒德国的死刑判决。

第六章　摧枯拉朽

1. 诺曼底登陆

6月6日凌晨，艾森豪威尔下达了攻击令，盟军为大规模登陆开始实施猛烈的炮火轰击，在欧洲开辟第二战场的战斗正式打响了。

第一批盟军部队在黎明后不久开始登陆，海浪翻腾起伏，令人头晕目眩，寒风卷起浪花，拍打在士兵的身上。

此时的德军虽已知盟军的进攻迫在眉睫，但到了最后还是猝不及防。这里盟军的欺骗起了作用，恶劣的天气也麻痹了他们的神经。德军坚固的混凝土工事让他们躲过了盟军炮火的打击，他们以为，后期盟军士兵将会穿过波浪，在最易遭到攻击的部位跟跄上岸。可是，让他们没有想到的是，盟军的坦克会从海面直接上岸，直冲向他们。坦克装甲车一面引爆雷区地雷，一面做抵近射击。这些秘密武器令德军大吃一惊，是霍巴特将军第79装甲师秘密研制出来的。霍巴特是蒙哥马利的内兄、贝蒂的哥哥。这些坦克在德军各重火力没来得及开火的情况下就冲上了海滩，将德军守卫部队紧紧地缠住。德军那些火炮，一下子被束缚住。

6月6日这一天是如此漫长。无论对正在浴血拼杀的战士，还是对殚精竭虑的指挥官来说，都是这样。蒙哥马利是在他的朴茨茅斯指挥部的花园里消磨这一天的。早餐后，他还为英国广播公司灌制了一张唱片，内容是他给部队的文告。傍晚时分，他认定自己的位置应当是在诺曼底，于是他在夜里9时30分乘坐"福尔克诺号"驱逐舰，渡过了海峡。

诺曼底战役的第二天，蒙哥马利的军舰抵达诺曼底海滩的外海面，他分别会见了布莱德雷和登普西，商讨了战况和下一步的作战行动。

上岸后的第一个星期，蒙哥马利一直在为夺取卡昂做准备。卡昂是枢纽要地，是巴黎的门户。由第7装甲师首次进攻。按蒙哥马利的计划，把德军的装甲部队吸引住是英军对卡昂的进攻目的，让美军在他们的作战方向迅速进展。尽管这样，他还是渴望能够尽早拿下卡昂，他不想让不明真相的人说他只会进行守势作战，而不会突破。

牵制德军这一目的达到了。果然，德国的装甲部队像预期的那样开往卡昂，而且零零碎碎地投入了作战。但这样一来，蒙哥马利想实现快速突破，尽早拿下卡昂就变得更加困难了。

因英军方面吸引了德军的主要力量，布莱德雷的进展就顺利多了。奥马哈滩头的美军正以非凡的能力向前推进，一场激烈的战斗在科唐坦半岛底部发生后，美军进攻势头不减。

到了6月12日，盟军终于控制了一个长50英里，纵深8～12英里的地带，具备了蒙哥马利所要求的实施下一阶段行动的第一个先决条件。这时，登普西试图实现蒙哥马利的如意算盘——占领卡昂。

鉴于布莱德雷的部队已前出至敌勒尔装甲师右角，登普西决定甩开当面之敌，向西、向南运动，插到敌军后方，与美军一起合围勒尔装甲师。如果这一计划能实现，等待勒尔装甲师的将是一张死刑判决书。可惜的是，沙漠战的专长对第7装甲师毫无用处，他们被阻在了科蒙与蒂伊之间。

蒙哥马利这时意识到，拿下卡昂不是件轻松的事。于是，他决定还是按照最初所计划的那样，以对卡昂的进攻来继续吸引德军主力。

与蒙哥马利相比，美军比他们要幸运得多。希特勒总是认为，英军要强于美军，他的想法是把装甲师由英军方向调往美军方向，先击败美军。但是，英军的进攻造成了卡昂的危在旦夕，隆美尔与龙德施泰特认为，装甲师一旦被调走，卡昂将会落入英军手中。为此，他们没有执行希特勒的指示，这让美军得以轻松地向前推进。

蒙哥马利在卡昂的牵制行动，果然为他招来了指责，对这些他早有了心理准备。就连最初支持他计划的艾森豪威尔，也感到不满。他埋怨蒙哥马利将战争都推给了美国人。无奈，蒙哥马利再次向他解释："我的计划是牵制德国装甲部队在卡昂，而让布莱德雷迂回包抄他们。"

尽管蒙哥马利不断地向人们表明，他是在按计划行事，可各种七嘴八舌的责难仍在继续。

空军由于无法得到卡昂地区的机场，对蒙哥马利大为不满，指责蒙哥马利不懂得什么叫突破。

"霸王"作战计划的原制订者摩根，则把蒙哥马利称之为"不可救药的防御狂"。

当然，现实而公正的评价者也有。布莱德雷在评价美军的顺利进展时，说："英军在卡昂的牵制是一个不可忽视的因素。"

著名的军事理论家利德尔·哈特，在伦敦同巴顿有过一次关于这一问题的精彩谈话。

巴顿："英军至今还在原地踏步，美军却在向瑟堡半岛跨步前进。"

利德尔·哈特："如果英军不在这时候牵制德军，原地踏步的将是美军。"

巴顿："至少目前有更多的德军在虎视眈眈地盯着我们。"

利德尔·哈特："是这样吗？英军以1个装甲师牵制德军4个装甲师，而美军只与1个装甲师作战。"

德军高级指挥官的撤换，也证明了蒙哥马利这一策略的正确。由于他给德军带来的麻烦，使得德军两位最高级、最有经验的指挥——冯·龙德施泰特和冯·施韦彭堡因无法挽救局面而被撤职。

战斗正沿着正确方向朝成功发展。盟军现在对已扩大了的登陆场充满了信心。6月30日，英国特遣舰队司令维安海军上将和他的美国同行柯克海军上将相继返回英国，这标志着霸王作战行动的第一阶段作战正式结束，"霸王"作战进入下一个阶段。

2. 纠结铁血之路

6月30日，蒙哥马利向两个集团军下达了下一阶段战斗的任务：英军在卡昂牵制德军，美军则继续长驱直入，向科蒙——维尔——莫尔坦——富热尔一线发起装甲攻势。

眼前的事正让布莱德雷烦心，他的部队打下瑟堡后，陷入了僵局，要按蒙哥马利的想法，发动大规模装甲攻势就要向前突破，拿下圣洛这个交通要地。为此，他下令美第7、8军冲出科唐坦，越过小块田地与沼泽地向库汤斯挺进。德军这一抵抗卓有成效，使美军这一行动有如爬行。布莱德雷无奈只得求助空中支援，对其当面之敌阵地实施全面轰炸。这样，在3个星期的苦斗后，美军付出伤亡11000人的代价，占领了已化为废墟的圣洛。自此，蒙哥马利的部署要实现就有了条件，在布莱德雷的脑海里生成了代号为"眼镜蛇"的计划。

此时，德军战线上出现了令人不安的变化。7月3、4日，美军发现和他们作战的是两个新的德国师；7日，美第83师又遭遇德党卫军第2装甲师，损失惨重，而德军该部队原来是在英军地段的。由此，可得出结论：一、德军准备将装甲部队撤离前线，重新整编；二、美军已逐渐为敌人所重视。

蒙哥马利意识到，现在他已没有任何理由可以阻止突破。于是决心尽快拿下卡昂，以分散敌人的注意力。为此，决定在空军的火力支援下，以3个英国装甲师的700多辆坦克，对卡昂实施突破。

7月7日21时50分，卡昂北郊的目标地域450架重型轰炸机对其进行了1个小时的轰炸。翌日清晨4时20分，步兵开始了进攻。

隆美尔早对英军的这一手有所准备。在纵深达10英里的坚固防御区内，他精心配置了大量坦克与火炮，此外，还有数以百计的6管火箭发射器与88毫米高炮，真是令人生畏。德军用这种高炮做反坦克炮，威力大，精度高，简直是个"坦克克星"。

尽管如此，英第1军的士兵还是不辱使命，在7月9日晨以伤亡5500人的高昂代价进入了卡昂。

为获取通往卡昂咽喉地带以南的通路，蒙哥马利决定进行大的作战行动——"古德伍德"行动。对此次行动和美军的"眼镜蛇"作战的关系，蒙哥马利给艾森豪威尔发了电报，他是这样说的："第2集团军定于7月16日开始行动，逐步发展成为7月18日的大战，届时第8军的3个装甲师将挥师奥恩河以东地区。请注意，日期从17日变至18日。第1集团军将用6个师的兵力于7月19日在圣洛以西约5英里处发起猛攻。需空军全力支援第2集团军（18日）和第1集团军（19日）的行动。"蒙哥马利的意图是：主攻仍由美军担任，于19日起突破，然后挺进内陆，而英军则提前一天发动牵制性进攻。

在那年夏季，任何一场战役都不像"古德伍德"行动能使人寄予那么大的希望。7月18日晨5时30分，"古德伍德"战役开始。天一亮，德军防线上空约有1600架重型轰炸机飞临。它们沿着第8军的坦克前进路线向目标铺天盖地投下7700吨高效炸弹。这是蒙哥马利支援地面作战的一场最猛烈的火力奇袭。陆军的各种野战火炮与英国军舰上的舰炮也参加了这次狂轰滥炸。

英军这种陆海空联合打击，打得德国守军晕头转向，混乱不堪。可他们仍想顽固地守住阵地。于是慢慢地爬出了废墟堆，清理出毁坏的枪支，将残余的坦克开动又继续反击了。到正午时刻，英军的损失明显上升，坦克行动受阻。

然而，有一个令人振奋的消息。在前一天，隆美尔按多种迹象判明，德军将面临迫在眉睫的进攻，为此，他亲察前线防务。在埃伯巴赫的西线装甲集群司令部返回，路经法莱斯隘口附近的名为蒙哥马利神圣信念村时，英国战斗机袭击了他的汽车并撞到一棵树上，隆美尔负了重伤。蒙哥马利的祖先最早就是这里的人，神秘论有一种说法，这似乎是他祖先在关键时候显了一次灵。隆美尔虽伤不致死，但他从此再也没有返回战场，而被怀疑卷入了7月20日施芬贝格刺杀希特勒的事件之中，当年10月在希特勒的逼迫下服毒自尽。一个让盟军在胜利的路途上付出更多代价的人不在了，对于盟军来说，这无疑是件幸事。

可惜的是，蒙哥马利在枪弹、炸弹与装甲部队方面的优势被地理条件抵消了。尽管隆美尔已不再指挥作战了，但他留下的防御系统仍是整个诺曼底地区前所未有的。随战斗的进行，德军防线上空烟尘弥漫，英军飞机因视线模糊无法辨清目标，造成对德军的空中打击逐渐减弱，而地面进攻随着坦克与步兵的推进，也有了混乱情况，并且超出了炮火支援的范围，结果蒙受了巨大损失。至当天夜里，英军损失了坦克200辆与士兵1500名。

蒙哥马利过于乐观地对待战斗的发展。那天晚上，艾森豪威尔收到了他的电报，称："今天上午的战斗相当顺利。空中轰炸成效卓著。……形势喜人。"7月19日，他在写给陆军大臣格里格的信中，再次夸耀："我们在东侧的战斗初始就打得很好。"这确有过早邀功之嫌。

天气在7月19日开始变得恶劣，美军被迫推迟原定于当日发起的"眼镜蛇"作战。这一天，英军进展依然不大，苦战一天，只将布尔日比山脊的一部分夺取了，还有许多德军的支撑点穿插其间。

7月20日，蒙哥马利注意到继续进攻只会给自己带来更大的损失，并且仍不会有何进展。于是，他下令第8军停止进攻，结束"古德伍德"行动。

因蒙哥马利的战略意图人们并不了解，加上他本人不很合适的自我吹嘘，至使他再次成为被攻击的对象。特德尖锐地指责蒙哥马利要负责"英军的损失"。艾森豪威尔则感到了欺骗，大发雷霆："炸弹花了7000多吨，才前进7英里，每英里的代价是要付出1000吨炸弹。像这样，盟军怎么会有希望越过法国。"远征军司令部里其他对蒙哥马利抱有成见的人，也在说着风凉话，嚷嚷"为什么不封个贵族给那个傲慢的家伙，把他送去上议院，或者让他当马耳他总督。总之，只要他离开远征军就行"。

实事求是地说，"古德伍德"作战的战术成果应该是微乎其微的，但在战略上却是成功的，体现了蒙哥马利制订"霸王"计划时一以贯之的思想——德军主力被英军吸引，为美军的突破创造良机。蒙哥马利为他与他的部队准备了一条用钢铁与鲜血铺成的进攻之路，这只能是一条步履缓慢的路。

因气候关系，美军方面直到7月25日才实施预定的"眼镜蛇"作战。这一次巴顿是主角。他与他的第3集团军早在7月6日就已上岸，而在德国人看来，他应该还在英格兰，是"坚韧"计划中根本不存在的部队司令。

美军的突击，在7月25日开始了。因天气依然阴沉，空中轰炸无法保证精度，结果出现误伤己方的现象，死伤几百人，其中有非常能干的麦克奈尔将军。但是，这无法阻止布莱德雷，他决心将攻击进行下去。这时他发现，蒙哥马利的"古德伍德"作战确实帮了自己的大忙。

冯·克鲁格接替了隆美尔，此时陷入彻底的悲观之中。7月20

日，在得知暗杀希特勒的行动挫败了后，与此事亦有瓜葛的克鲁格发去了一封表忠心的信给希特勒，在信末，他不忘对军事形势做判断：

"此次力量悬殊的战斗已接近尾声。""卡昂这条战线行将崩溃的日子已为期不远。"

美军的攻击，使德国人意识到盟军真正意图所在是这个方向，可惜为时已晚。美军势如破竹。库汤斯，7月27日落入盟军之手。德第7集团军负责防守这条战线也开始后撤，而该部队的撤退很快就成了一场溃败。美军在7月30日，进入了阿弗朗什。等到克鲁格反攻部队从蒙哥马利那边脱身过来时，已是8月7日了。

3. "蓝上衣"计划

鉴于美军已取得突破，蒙哥马利判定德军战线必将后撤，会依托科蒙、奥恩河、卡昂与法莱斯之间的高地等关键地区负隅顽抗。于是，他制订了依次拔掉这些钉子的计划。立即命令第2集团军重新集结力量，把主力从卡昂最左翼移到最右翼的科蒙。这一次，他们不再只是牵制性进攻，而是全力进攻。蒙哥马利称这一行动为"蓝上衣"。

原定于8月2日由6个师发动"蓝上衣"行动，因美军进展之快，超乎预料，所以在与登普西商量后，蒙哥马利将进攻日期提到了7月30日。

一个浸泡在鲜血中的7月就这样过去了。30日那天晚上，自诺曼底登陆以来艾森豪威尔睡了第一个好觉。显然，他觉得诺曼底战役的关键时刻已经过去了。

8月份的第一天，重新调整了诺曼底的盟军指挥机构。布莱德雷被提升，负责指挥美国第12集团军群，下辖两个集团军，即巴顿的第3集团军与霍奇斯的第1集团军。这样，布莱德雷与蒙哥马利平起平坐了。不过，在艾森豪威尔把他的司令部迁到法国同时接管全面指挥之前，全面指挥权仍然由蒙哥马利行使。

此时英军的"蓝上衣"作战正在进行。此次作战所涉及的地域相当不利，它北起科蒙，南至维尔，东到奥恩河畔的蒂里阿库尔。该地形起伏，丘壑遍地。登普西用两个军的兵力发起进攻，和敌装甲比率为3∶1，但步兵数量不足，而德军早已在此布下地雷场，因此，进攻初很不顺利，甚至还得不偿失，但是很顺利地达到了牵制德军装甲兵力的目的。德第21装甲师被卷入战斗，接着，党卫军第9、第10装甲师先后也投入作战。尽管这样，德军仍在怀疑科蒙是不是可以坚持得住。

8月2日，英军第2装甲师拉近了维尔，但第30军进展太慢。那天，第7装甲师在德军反击下几乎退回了阵地。登普西无法容忍这种情况，在用人上，他有着与蒙哥马利相同的铁腕。结果，撤了第30军军长巴克纳尔的职，第7装甲师师长厄斯金与他的炮兵司令、装甲旅长也被撤了职。对他的"清洗"，蒙哥马利表示支持，并决定派一名得力干将——霍罗克斯给登普西。

在突尼斯负伤的霍罗克斯刚刚复原，8月4日，他接管了第30军。在其影响下，第43师经过艰苦的战斗，于8月6日占领了潘松山脊的各个制高点。同天，英军第59师渡过奥恩河，在蒂里阿库尔建立了桥头堡，并将敌人的激烈反扑打退，守住了这一桥头堡；从另一方向进攻的美军，此时也拿下了维尔。这样，蒙哥马利想要把德军装进口袋，计划夺取的三个关键地点已得其二。

此时巴顿将军正在横扫当面之敌。蒙哥马利与布莱德雷给他的行动指示，是让他用"最少量的部队"去"横扫小树林以南地区……"这当然是巴顿梦寐以求的事。第3集团军在他的指挥下，所向披靡，进展神速，令人眼花缭乱。到8月7日，巴顿部队几乎就进了勒芒，闯过了进入法国心脏地区的大门——库汤斯与阿弗朗什。勒克莱尔隶属于巴顿部队的自由法国第2装甲师师长，感到此情况似乎是"重演了1940年的战局，不过胜败双方却颠倒过来——在我军出其不意的攻击下，敌人乱作一团，溃不成军"。

巴顿的突击让德军心惊肉跳。希特勒决定要不惜一切价发动一次反攻，将阿夫朗什咽喉地区夺回。8月7日，德军开始了反攻。

盟军的"尤尔特拉"机构截听了希特勒的全面计划和计划的大部分具体细节，对德军的这次反扑做了充分的准备。美军第30师被德军包围，但该师顽强抗击，把德军拖在了阵地上。这使布莱德雷有时间对德军反攻部队进行合围。而巴顿仍在向前推进，他的第15军已从勒芒向北直指阿朗松。

8月15日，希特勒被迫下令克鲁格撤退，但对克鲁格来说，这已为时过晚，他已没有任何可依托的稳固战线了。

胜利让巴顿有些飘飘然，他少不了要向他的竞争对手蒙哥马利炫耀一番。8月16日，在打给布莱德雷的电话中，他这样说："我的部队已进入阿让唐。让我前进到法莱斯，我要把英国佬赶下海去，让他们再尝一次敦刻尔克的滋味！"巴顿的这个玩笑，显然是带有侮辱性的，而且是不公道的。蒙哥马利的部队一直是在困难的地形条件下同德军中较有战斗力的部队作战，这是巴顿在梅斯和萨尔碰上防御工事之前所未曾经历过的。在那儿，他尝到了蒙哥马利所饱尝过的滋味，在一个月中，他伤亡了4.1万人。

为了把德军装进盟军的口袋，蒙哥马利在8月4日就向加拿大第1集团军下达了夺取最后一个关键地点——法莱斯的任务。加拿大军的行动是8月7日开始的，但是进展并不顺利。这样，在另一侧快速推进的巴顿部队实际越过两军的作战分界线。布莱德雷出于避免两军发生冲突的危险，下令巴顿停止推进，这样，就使巴顿部队和加拿大部队之间出现了一个缺口。

法莱斯附近的敌军，一面做最后的困兽之斗，一面向盟军合围的缺口处拼命突围而逃。在以后的几天突围战斗中，德军伤亡约1万多人，另有5万人被俘。从缺口中逃出的德军，也基本丧失了全部重武器。在德军主力遭到毁灭性打击的同时，其余地区德军也溃不成军。德军有8个步兵师和两个装甲师人马，全部成了盟军的战利品。希特勒用来粉碎西线盟军的整个军队，被彻底击溃。到8月19日，整个诺曼底战役结束了。在这场战役中，德军的总损失达到40万人，此外还损失坦克1300多辆，军车2万辆，各种火炮2000门；盟军方面也伤亡20余万人，其中阵亡近3.7万人。

诺曼底战役对盟军来说，是一次全面的胜利，有着决定性意义。经过此役，德军试图在法国设阵拒敌的最后希望宣告破灭。而在法国南部，盟军于8月15日开始的"龙骑兵"行动也取得了成功。这样，到8月底，盟军在法国已有37个师，另外还有6个美国师在英国本土担任后备力量。

赢得战争的曙光已隐约可见。8月25日，自由法国的军队开进巴黎。法国境内的其他德国残兵斗志全无，纷纷弃甲曳兵、抱头鼠窜，直跑到320英里外的德国边境才惊魂稍定，勉强稳住了阵脚。

在遥远的东普鲁士指挥部，阿道夫·希特勒狂妄的头脑中还不愿接受失败的现实。他注视着地图，考虑着即将到来的秋季，他期待着一个奇迹，一个由他创造的奇迹。

可是，会有奇迹吗？

4. 分歧和争吵

1944年8月25日巴黎上空的纳粹旗帜随风落下，第三帝国在西欧已失去了它的控制力。但德国已注定的失败和战争形势的日新月异，不仅没能弥合英、美将帅之间的裂缝，反而使得本已尖锐的争夺向白热化方向发展。

这场盟军高级将领之间的矛盾是以蒙哥马利与艾森豪威尔之争为中心的。

蒙哥马利和艾森豪威尔的气质截然不同，因此难以相处。艾森豪威尔性格随和，喜好交际，蒙哥马利则很孤僻难交；艾森豪威尔为人谦虚内敛，蒙哥马利则有些自负（这种自负不仅引起他的英国同僚反感，更为那些西点军官们所不容）。

作为下级，蒙哥马利对艾森豪威尔也不够尊重，经常让艾森豪威尔屈尊到他的指挥部去谈问题，即使在艾森豪威尔因飞机迫降腿部受伤时，也是如此。有一天，艾森豪威尔终于忍无可忍了，他指出："我是您的上级，难道可以这样对待我吗？"尔后蒙哥马利才稍有改变。

盟军的不和令希特勒得到了喘息之机，他下狠心在战略上做出抉择，决定放弃巴尔干，并开始将部队撤出巴尔干战场。与此同时，他还暂时放弃了法国。他把部队撤回到齐格菲防线，这是5年前修建的一道屏障，里面有碉堡工事及布雷区。随着盟军补给线拉长，加上战略之争使盟军错过了趁德国人做好防御准备之前突破齐格菲防线的机会。此时盟军已弹尽粮绝，加之阴雨和寒冷的天气，甚至连一向乐观的巴顿也泄了气。

因陷入纠纷而显得闷闷不乐的蒙哥马利，决心进行一次作战以显示他也能像巴顿一样快速前进。结果，他的坦克部队在一周之内向东横扫了250英里。这种大踏步前进像巴顿当初的前进一样，是在只遇到轻微抵抗下取得的。这样，到9月4日，蒙哥马利便进入了安特卫普。

蒙哥马利与艾森豪威尔虽然存在着战略分歧，但有一点却是共同的，即都认为向北经马斯河、莱茵河直捣德鲁尔工业区是一个非常重要的进攻路线。因此，对蒙哥马利来说，无论最后能否说服艾森豪威尔改变主意，他在这条线上的进攻却是迟早的事。所以，他早在9月3日，就部署了第1空降军，并着手考虑挺进的具体方案。

9月9日，蒙哥马利接到伦敦的通知，说前一天英国再度遭到V—2火箭的攻击，估计它们是从鹿特丹和阿姆斯特丹附近发射的，问他何时能够攻下这一地区。这一问题的提出，实际上就为蒙哥马利指定了挺进方向，那就是阿纳姆一带。但他认为，这一战役若想胜利，必须解决给养问题。

9月10日下午，蒙哥马利与艾森豪威尔在布鲁塞尔会晤。蒙哥马利再度同艾森豪威尔发生争执。他说："横渡塞纳河以来，我的总部一直在向北推进，而布莱德雷的总部则向东移去。地面战斗越发显得脱节，不协调。"他接着强调："如果坚持两个方向的进攻，给养分成两个部分，那么最后一个方向也攻不下来。"为此，他要挟艾森豪威尔，必须在他和布莱德雷的计划中选择一个，予以"支持"。

蒙哥马利最后还是没有说服艾森豪威尔。在如何尽快置德国巨人于死地的问题上，两位伟大的将帅很难达成持久一致。从9月10日以后，两人再也没有见过面。争论是通过信件和电报远距离进行的。有人说，如果一对夫妻发展到要靠写信来协商解决家庭大事的地步，那他们的关系就完了。这种比喻也适合于当时的蒙哥马利和艾森豪威尔。

在这场电报和信件进行的"战斗"中，蒙哥马利用语尖刻，直截了当，而艾森豪威尔则态度谦恭，多用外交辞令。

9月15日，蒙哥马利说："最理想的目标是鲁尔，再经北线直捣柏林。"完成这一任务，"有第21集团军群加上美第1集团军的9个师就足以胜任，但该部队必须获得在给养方面的一切物资"。

9月20日，艾森豪威尔回信试图平息争论。他说："总的说来，我完全同意你的看法，我不认为在战略方针上，我们有什么重大的分歧。"他说，他从未考虑过让所有盟军齐头并进。他选择的路线同蒙哥马利一样，是从鲁尔到柏林。他保证，蒙哥马利将在美第1集团军的支持下，率部向柏林挺进，而巴顿和其他部队则保持一种进攻姿态，拉长德军防线。

即使这样，蒙哥马利还是不满意，他要求的是另一方向上完全偃旗息鼓。9月21日，他在回电中，毫不客气地说："我不能苟同我们在战略方针上是一致的。我想在这个问题上，你一定会要我开诚布公地表示我的看法。我一直主张停止右翼进攻，让左翼前进。但情况却是右翼进度已超出给养许可的范围，致使我们失去机动。"最后，他要挟道："倘此条件做不到，我们将到不了鲁尔。"文末，他的署名是"您十分伟大的朋友蒙蒂"。

艾森豪威尔显然被激怒了。9月21日，在同巴顿共进午餐中，他称蒙哥马利是"一个聪明的狗杂种"。巴顿对此喜不自胜，认为"这颇令人鼓舞"。但很快他就怒不可遏，艾森豪威尔告诉他，已经考虑按蒙哥马利的想法让第3集团军停下来。事后，艾森豪威尔是这样解释他这一行为的，他说："我需要安特卫普，但我不得不依靠蒙蒂。"

9月22日，艾森豪威尔在凡尔赛的最高统帅部召集会议。蒙哥马利明白他的方案已成众矢之的，因此借口阿纳姆战斗正在紧要关头，无法脱身，派德·甘冈代表他出席了会议。

善于察颜观色的德·甘冈很快发现兆头很好，他立刻向蒙哥马利报喜："会开得很好。艾克百分之百地支持您的计划，您的突进将为主要行动，后勤供应将全力保障。"德·甘冈这次走了眼，虽然艾森豪威尔表面上停止了巴顿的前进，但他的心思根本没放在向北推进上，而是默许美国将军们暗中搞破坏。

与艾森豪威尔纸片纷飞的战斗暂时告一段落后，蒙哥马利终于向他的第21集团军群下达了一道关于扫清安特卫普航道的命令。这是一道迟来的命令，但终归还是一道有决定意义的命令，它使安特卫普港从一座死港变成了活港。

由于希特勒早就加强了通往安特卫普港航道的斯海尔德的防御，结果使西蒙兹和他的加拿大军面临的是一场旷日持久、血肉横飞的战斗。在极其困难的条件下，他们同德军一个堤坝、一个堤坝地展开了争夺。战斗虽然胜利结束了，但伤亡也是惨重的。加拿大第2师同英国第52师共伤亡27633人。若是早些动手，当然不会付出这么大的代价。

美军战线上，此时也未闲着。艾森豪威尔虽然曾答应停止美军的行动，但实际上美军并未停滞不前，而是继续在向萨尔方向挺进。结果，美军的行动严重受挫。巴顿开始品尝蒙哥马利所饱尝过的德军坚固防御之苦，而霍奇斯则在许特根森林同德军展开了一场开战以来最激烈的战斗。结果，2.4万美军战死、被俘或失踪，9000名美军患了战壕足病、战斗疲劳症和所谓的"呼吸系统病"。美军这一阶段的进攻，后来被美国历史学家称之为"基本无成果的战斗"，是一场"完全应当避免的行动"。

蒙哥马利对所发生的一切感到失望。11月29日，他给艾森豪威尔写去了一封简略而草率的信，他指出："我们没有取得成功，我们在战略上倒退了。"

艾森豪威尔勃然大怒，他尖刻地回答道："不能苟同蒙哥马利元帅把'这一伟大战斗力量'过去的行动看作是失败。"

两人之间纷争再起，这一次竟发展到了罗斯福总统和丘吉尔这一级。罗斯福在给丘吉尔的信中，坚定地支持他的艾克。他说："我们双方一致赞同的辽阔战线战略正在按计划实施。"

此后的一段时间里，蒙哥马利不再表现得那么咄咄逼人，但将军们之间的战争并没有就此结束，希特勒在阿登地区的反扑使这场纷争达到了白热化的程度。

5. 希特勒的反攻

自从盟军在诺曼底登陆成功后，希特勒狂妄的头脑里一直就在酝酿一次"拿破仑式"的行动。巴尔克将军在前线成功地遏制了美军的进攻，无疑又给他打了一剂强心针。他的"拿破仑式"设想变成了具体的作战要求，他将要进行一场"悲哀之战"——向阿登地区的盟军发起反攻。

阿登地区，位于法比边境中段。1940年德军曾在此成功地对法国实施了突击，在战争史上演出了极为精彩的一幕。弹指4年，德国已今非昔比，希特勒又想起这个曾给他带来光荣的地方，他要在此再创一个奇迹。

希特勒的脑海里，已经构想出一幅美妙绝伦的胜利画面。

为实现这一狂妄构想，从9月下旬起，希特勒到处搜刮，不惜代价地取消了原定对东线德军的增援，秘密组建第6装甲集团军，以此作为他的"秘密武器"。

非常遗憾的是，盟军并没有发现德军反攻的迹象，对德军新组建的装甲集团军也茫然不知。蒙哥马利后来非常爽快地承认，他虽然反对"辽阔战线"战略，但对这一战略可能出现的特殊后果，他同盟军最高统帅部里的其他人一样，未能清楚地预见。因为，要保持辽阔战线，就必然会使某些地域部署薄弱，造成敌反攻之机。

12月16日拂晓，德军的反攻开始了。2000门德军大炮一齐向处于霍奇斯和巴顿结合部的第8军发起猛烈轰击。20分钟后，20个师的德军在龙德斯泰特元帅的指挥下，如潮水般地涌向第8军阵地。由于对德军的进攻丝毫没有准备，第8军根本无法组织起有效的抵抗，阵脚大乱。德军初战告捷。

德军从天而降，实在出乎盟军意料。那一天，艾森豪威尔同特德等人在凡尔赛的司令部里，讨论的不过是美军增援日益短缺的问题。而蒙哥马利则优哉游哉地飞到因侯温，同著名的高尔夫球手戴·里斯切磋球技。就在他们开始打球后不久，蒙哥马利收到电报，说德军正在向美军战线发起反攻，情况不明。于是，蒙哥马利立即停止了打球，飞回了他在宗霍温的作战指挥所。

局势正在恶化，布莱德雷的第12集团军群最后被德军一分为二。布莱德雷的总部在卢森堡，当时他已指挥不了在北面的那一半集团军。

艾森豪威尔对盟军战线进行了重新部署。他命令巴顿的第3集团军进入德军突出部分的侧翼；而对于被切断联系的第1集团军和第9集团军，艾森豪威尔不得不按照蒙哥马利3个月来一直要求的那样行事——让蒙哥马利来指挥处在突出部北侧的霍奇斯和辛普森这两个美国集团军，以便他从第21集团军群方向指挥进攻突出部的北翼。布莱德雷对这一变动，表示极力反对，他认为这样会使美军指挥官名声扫地。直到艾森豪威尔向他允诺，这一变动是暂时的，仅仅是在"突出部之战"期间，他才勉强表示接受。

12月20日，艾森豪威尔打电话向蒙哥马利通知了自己的决定，这正是蒙哥马利所需要的。他后来得意地说："对于最高统帅部里我的那些批评者们以及那些反对我的主张的那些美国将军们，这不会是愉快的。"

蒙哥马利敏捷而果断地行动起来，在艾森豪威尔打完电话后的两小时内，他亲自向各军司令官发出命令。11时，他同登普西简要地谈了谈，然后前往登普西的司令部，并通知第9集团军的辛普森到那里同他会见。

根据战场态势，蒙哥马利决定把英国部队置于辛普森的指挥下，并调他的第9集团军接管霍奇斯的某些阵地。在美军后备队组成以前，英军暂时配置在第1和第9集团军后面，充当后备梯队。在突出部的南翼，布莱德雷通过巴顿的第3集团军，也采取了同样的措施。

经过这一调整，前线的指挥得到了加强。北线部队在蒙哥马利统一指挥下，顶住了德军的反攻，组成了一道坚固屏障；南线的布莱德雷和巴顿，则按计划向德军发起了进攻。德军狭长的突击阵地两翼都承受了巨大的压力，已渐成强弩之末。

由于盟军措置得当，德军反攻的势头渐缓。12月28日，在德国大本营的高级军事会议上，多数德军将领抱怨他们已无足够兵力继续维持进攻。龙德施泰特元帅建议，应及时把德军从阿登前线撤下来，以免遭到盟军毁灭性的打击。但希特勒对此充耳不闻，命令德军不顾一切地继续进攻。

希特勒的这一决定无异于把德军赶进了屠宰场。盟军在加强整个战线后，已着手准备对反扑之敌予以毁灭性打击。

然而，战场形势刚有好转，蒙哥马利与艾森豪威尔之争端又开始了。

6. 让步与和解

12月28日，蒙哥马利同艾森豪威尔在哈塞尔特会晤。在谈到粉碎德军阿登反扑以后的作战计划时，蒙哥马利旧事重谈，再一次提出下一步的首要目标应指向鲁尔，盟军必须集中一切力量并由一个指挥官指挥来进击鲁尔。在这次会晤结束以后，蒙哥马利第二天又给艾森豪威尔写了封措辞强硬的信，要求他任命一名地面部队指挥官。他说，他这样要求的唯一动机"只是因为我极盼不再失利"。他要求艾森豪威尔不要把信中的某些内容向布莱德雷透露，因为布莱德雷不同意受他的指挥。他甚至不客气地替艾森豪威尔拟出以下严格的措辞：

"自即日起，一切作战指挥、控制和协调两个集团军群作战行动之权，均由第21集团军群总司令根据最高统帅随时发出之命令而行使之。"

艾森豪威尔怒气冲冲地返回凡尔赛，又听到英国新闻界正在铺天盖地吹捧蒙哥马利，说艾森豪威尔的错误战略造成了阿登危机，而蒙哥马利元帅是位救火员，使这场危机化险为夷。这使得艾森豪威尔更加怒火中烧。晚上6时45分，他的上司马歇尔发来的电报，使这位暴怒的最高统帅断然决定采取一项非常措施，永远地结束这场纷争。

马歇尔在电报中这样说：

"在任何情况下都不能做出任何让步。你不仅得到我们完全的信任，而且，如果你做出让步，那势必遭致全国极大的怨恨。

"你正在从事一件伟大的工作，愿你持之以恒，让他们见鬼去吧！"

在得到马歇尔和最高统帅部中特德等人的支持后，艾森豪威尔对蒙哥马利采取了最严厉的反击。他一面向设在华盛顿的联合参谋长会议施加压力，要求他们表态：他和蒙哥马利两人之间哪一个对盟国的事业更有价值。如果是他，他要求撤换蒙哥马利。在电报中，他使用了"有我无他"这样的词汇表达他的心情。另一方面，他又于12月31日给蒙哥马利去了一封措辞强硬的信。他对蒙哥马利说，我决不会把布莱德雷置于你的指挥下，"你使我不安"。他强调："在这个问题上，我再也不会退让了。"

蒙哥马利的军事生涯受到了最严峻的考验。幸亏他的参谋长德·甘冈急忙赶到凡尔赛进行斡旋，同艾森豪威尔进行了3个小时的长谈。而后，又冒着漫天大雪返回蒙哥马利身边，说服他向艾森豪威尔做出让步。于是，蒙哥马利写去这样一封信：

亲爱的艾克：

已见弗雷迪（德·甘冈），获悉你在这些十分艰难的日子里为许多事情殚精竭虑。我之所以把自己的看法开诚布公地报告您，是因为我觉得您喜欢这样做。现在，我终于明白，许多因素是我始料不及的。您大可放心，无论您做出何种决定，我将百分之百地去执行。我深信布莱德雷也是如此。前函也许令您为难，我深感不安，务请将它撕掉。

您的万分忠实的部下蒙蒂谨上

蒙哥马利的让步，终于熄灭了艾森豪威尔的怒火，挽回了局势。就这样，英美两国处于最前线的争吵终止了，将军们不再为他们之间的纷争而焦头烂额。

阿登前线的德军愈来愈力不从心。到1月6日止，盟军终于把德军赶回到攻击开始前的地方。是役，德军伤亡12万人、损失坦克和大炮600辆、飞机1600架以及其他车辆6000辆，希特勒在这不成功的一扑中输光了他最后的赌本。盟军的损失也不小，人员伤亡达7.7万人，坦克和火炮损失733辆。这一损失本来是可以减少的。

由于盟军在阿登战役中的损失严重，英国的报纸对艾森豪威尔再度横加抨击。这时候，已与艾森豪威尔和解的蒙哥马利对此感到不安，认为这会破坏盟国的合作精神。为此，他于1月7日举行了一次记者招待会，意在向新闻界说明，盟军是怎样一致合作共事，扭转了阿登危机的。

没曾想，蒙哥马利这一初衷很好的行为带来了意想不到的效果。蒙哥马利在发言中，因措辞不当，使人得出这一印象，即他对美军的损失感到幸灾乐祸，而他的指挥最终保证了阿登战役的胜利。

德国人也抓住这一点大做文章，他们的无线电台截获了英国广播公司的电讯稿，把它改写成为一篇带有反美倾向的报道，由当时还掌握在戈培尔手中的阿纳姆电台播送。布莱德雷总部的监听站把它误认为是英国广播公司播送的，于是这篇歪曲报道就引起了轩然大波。

事后，蒙哥马利后悔地说："根本就不该举行什么记者招待会。"

蒙哥马利这次无心之过所惹起的麻烦，惊动了丘吉尔的大驾。1月9日，丘吉尔在夜间连续给艾森豪威尔打去两个电话，说英国政府准备授予布莱德雷勋章，奖励他对粉碎德军反扑所作的贡献。后来，他又在一次公开讲话中，对美军在阿登战役中的表现予以充分肯定。这样，总算把可能导致将军们之间纷争再起的危机化解了。

德军在阿登的反扑失败了。盟军从中吸取了教训。事实证明，艾森豪威尔的"辽阔战线"战略确实存在问题。于是，1945年1月末，盟军在马耳他举行了最高级会议，制订了一个双方都可接受的方案。艾森豪威尔对这一方案，是这样解释的："我将在北面立即夺取莱茵河渡口，这一作战是完全可行的，无须等到封锁整个莱茵河后再进行。而且，在渡过莱茵河之后，我将在北侧用最大力量向前推进，一旦南方局势允许我集结所需的部队，并且不会因此招致过大的风险，我将实施我的计划。"对此，蒙哥马利心满意足。

马耳他会议，为两种战略主张之争最终画上了句号，也使围绕此一问题而展开的蒙哥马利与艾森豪威尔之争有了结论。不过，两位将领间的争吵是历史性的，正如一场积蓄已久的暴风雨，不可能在片刻之间云开雾散，风住雨收。盟军统帅部的其他人员同蒙哥马利的摩擦、争斗偶尔还会发生，但这已无关宏旨，不会再影响盟军走向胜利之路了。

7. 莱茵河，倒数计时

阿登战役中，希特勒用尽了他最后的机动部队。东线，苏联红军从1945年1月起，发动了冬季攻势；西线，德军也仅剩下大约66个师的残兵败卒。德军左突右冲，大势已去。

但是，在希特勒和戈培尔蛊惑人心的宣传下，纳粹军队仍然决心效忠元首和第三帝国，凭借莱茵河天险同盟军负隅顽抗。

1945年2月8日，蒙哥马利如期开始了代号为"真正"的作战。这次主攻由加拿大集团军实施。蒙哥马利的企图是：让加拿大集团军渡过马斯河向南和东南方向进攻，为下一个将由辛普森第9集团军实施的"手榴弹"行动创造条件。

加拿大集团军的进攻，最初比较顺利，但很快，他们发现自己陷入了洪水和泥泞地带，无法前进。

2月23日，第9集团军的"手榴弹"行动也开始了。这是一个有30万人参加的非同凡响的行动，这一作战的目的是渡过鲁尔河。德军的抵抗威胁不大，但鲁尔河的洪水却给辛普森制造了麻烦。河上的风浪打翻了工兵的好几只船，阻碍了架桥。

"手榴弹"战役的发起，使"真正"作战又恢复了最初的势头。第21集团军群缓慢但是稳当地穿过了密密的树林，在洪水淹没过的平原上推进。霍罗克斯的第30军一路破村克镇，在一场自开战以来最残酷的肉搏战之后，夺取了两个重要目标：克莱维茨和戈什。

戈什被视为德齐格菲防线上最坚固的堡垒，戈什被攻克，蒙哥马利大喜。但是，他很快发现，德军的抵抗正在加强，等待他的是一个又一个"戈什"。被卡在鲁尔和莱茵河狭长地带的德军11个师已准备做困兽之斗。在辛普森那边，战斗又取得了进展。第9集团军在一条非常广阔的战线上安全地渡过鲁尔河，全部损失仅92人，并且，他们在鲁尔河上建起了7座能通过坦克的大桥和12座轻便桥。

尽管德军对盟军在莱茵河以西作战计划反应过于迟钝，但是，当辛普森渡过河后，稍有头脑的人都能看得出盟军的目标所在。德西线指挥冯·龙德施泰特元帅看到，如果他不迅速后撤，盟军的"真正"战役和"手榴弹"将是两把铁锤，把他的两支军队敲得粉碎。另外，在南面德弗斯战线上的巴顿也开始了行动，其进展更令他感到心惊肉跳。2月25日，他向希特勒报告说：假如不全面撤回莱茵河西岸部队，盟军下一步将毫不费力地渡过莱茵河，整个西线将彻底崩溃。

希特勒没有理睬他的这一呼唤。

龙德施泰特再次提出把鲁尔河和默兹河汇流处的部队稍稍后撤。

希特勒依然不同意。这一次，他干脆答复："不同意。"他甚至说，后撤，想都不应该想。

3月1日，辛普森的第9集团军攻克了门兴—格拉特巴赫，这是迄今攻占的德国第一个大城市。该城距莱茵河只有30公里。3月10日，第9集团军与加拿大集团军终于合兵一处，横扫残敌如风卷残云，顺利地完成了"真正"作战和"手榴弹"作战。

在这次作战中，"真正"行动和"手榴弹"行动一共打垮德军19个师，使之伤亡达9万人。蒙哥马利如愿地扫清了莱茵河西岸的德军，打通了向东跨过莱茵河的道路。

盟军已在莱茵河边摆开了架势。莱茵河水奔腾着，蒙哥马利的内心也如这河水一般。他知道，离第三帝国丧钟敲响的时刻已经不远了。

从3月10日开始，蒙哥马利指挥下的第21集团军群和美第9集团军就已在莱茵河西岸从诺伊斯到奈梅根一线摆开了阵势。河上的桥梁已被德军炸毁，只有雷马根桥意外地成为美第1集团军的战利品，但这一地点并非蒙哥马利所主张的主攻地点，因为在此过河后面对的将是一道石壁，今后的发展不会顺利。

在德国离最后失败已经不远的这个时侯，一向以谨慎著称的蒙哥马利，显得比以前更加小心。他不希望看到自己的战士在胜利前倒下，他要把成千上万优秀的小伙子们送回到他们的母亲和情人身边。为此，他精心筹划了第21集团军群强渡莱茵河的计划。这一计划被称为"劫掠"。

经过10多天的准备，到3月23日，蒙哥马利认为一切都已就绪。这时候，他已集中了35个师的兵力，约25万吨物资，各类坦克、装甲车约5000辆，各类车辆3万辆，大炮3500门，战斗机3000架，重型轰炸机500架，另外还有36艘渡河用登陆艇。蒙哥马利决定，战役将于3月24日凌晨发起。他宣称，"劫掠"战役将取得他本人在这次大战中最辉煌的战绩，其规模之大将仅次于"霸王"战役，他要与"希特勒尚存的西部集团军之精华较量一番"。

3月23日，蒙哥马利发出了致集团军群所有官兵的信，指出，"第21集团军群即将横渡莱茵河"。他号召大家，要"尽快投入战斗，早日结束对德战争"。

3月24日凌晨，"劫掠"战役开始了。以英第2集团军为左翼，美第9集团军为右翼，在莱茵贝格到雷斯这一宽大正面上强渡莱茵河。加拿大集团军则在雷斯以北的左翼执行任务。

如此大规模的行动，引起了丘吉尔的强烈兴趣。他亲自来到前线，慰问将士，并同蒙哥马利一起观看了空降师在莱茵河对岸空降的壮观场景。事后，他不无炫耀地向斯大林发去了一封热情洋溢的电报："我和蒙哥马利元帅在一起，在他的司令部，他刚刚下令从以韦塞尔为中心点的广阔的战线上发动强渡莱茵河的主攻。这次战斗将得到3000门大炮和一个空降军的支援。预计部队将于今晚和明天渡过河去，并在对岸建立起桥头堡阵地。一旦强渡成功，一支格外强大的装甲预备队将乘胜追击。"

强渡莱茵河的行动，并未遇到原先设想的猛烈抵抗。首批渡河部队在过河时只损失了34人。一方面是由于德军士气低落，无心恋战；另一方面是由于蒙哥马利的欺骗行动产生了作用，德军对蒙哥马利的行动感到突然，被打了个措手不及。

蒙哥马利，这位精心布置战斗的大师，又取得了一次圆满的胜利。到3月7日，他的几个集团军已全部越过了莱茵河，建立了一个宽35英里、纵深20英里的阵地。英第2集团军伤亡3968人，美军伤亡2813人，这点损失同建立了一个异常稳固的立足点、俘敌1.6万人的战果相比，是微不足道的。蒙哥马利取得了他在当时条件下所能取得的最大的胜利，几乎没有出什么差错地渡过了莱茵河。

在英军顺利地渡过莱茵河的同时，美国人也以压倒性优势的力量渡了河。在东面，苏联红军也正在迫近柏林大门。围绕着盟军渡过莱茵河后的行动，盟国之间再次出现纠纷。

根据盟军原定作战计划，渡过莱茵河的行动分为两步：第一步到达易北河，第二步向柏林推进。这一点，早在1944年9月即已确定。当时，艾森豪威尔曾在写给蒙哥马利的信中指出："柏林显然是我们的首要目标……"

蒙哥马利渡河后，按上述计划，向他的部队迅速下达了命令：第2集团军和第9集团军分别向汉堡和马格德堡推进，然后准备与美第12集团军群配合，摧毁鲁尔。与此同时，加拿大集团军将扫荡荷兰的残存占领区，并沿海岸线向易北河冲击。3月27日6时，蒙哥马利把他的这一计划用电报向艾森豪威尔作了汇报。但是，一个意外发生了——艾森豪威尔改变了西线战事最后阶段的整个作战方针。

8. 德军的末路

3月28日，艾森豪威尔否决了蒙哥马利的计划，指示部队当前行动的第一步仍是包围鲁尔，但不用急于攻取它，因为鲁尔是人口稠密的工业区，本地并无食品来源，单靠饥饿就能使它投降，这样可以减少盟军的大量伤亡。鲁尔合围完成以后，可以考虑让布莱德雷穿过德国中部，在易北河同苏军会师，而后再分别向北、向南两个方向突击进入丹麦和奥地利。德弗斯的第6集团军群和蒙哥马利的第21集团军群则在布莱德雷两侧支援。这就意味着，蒙哥马利在战争的最后一刻将只能担任一个次要角色，而盟军的主要目标也将不再指向柏林。

3月28日下午和晚上，艾森豪威尔把他改变后的作战方针，分别用电报通知了苏美英三方。

第一封电报是发给斯大林的，其目的是借此交换苏军的计划，以便使盟军的作战同苏军协调起来。

第二封电报发给了马歇尔，艾森豪威尔向他报告了自己的决心和行动。

第三封电报发给了蒙哥马利，但他没给伦敦去电。

蒙哥马利被艾森豪威尔的这一举动弄得目瞪口呆。但这一次，他没再闹事。他明白，事已至此，再说什么也都没用了。在给艾森豪威尔的回电中，他只提了一个要求，即在他到达易北河以前，暂时保留目前的指挥机构。然后，他把情况向伦敦作了汇报。

伦敦方面得知这一消息后，勃然大怒。随后，伦敦、华盛顿和兰斯（盟军最高统帅部所在地）之间发生了激烈的争吵。艾森豪威尔得到了罗斯福和马歇尔的有力支持，对伦敦寸步不让，坚决地执行了他的新方针。

艾森豪威尔为什么改变了抢占柏林的既定方针呢？他主要是出于以下考虑：

首先是战场的态势。由于德军在阿登地区的反攻，使盟军的进攻被迟滞了6个星期，而东线德军因兵力薄弱，无法抵挡苏军的强大攻势，结果苏军迅速推进到德国腹心地区。到2月底，苏军的前锋距柏林仅有100公里了，而盟军那时距柏林还有480公里，且战线过长，补给十分紧张。要想赶在苏军之前进入柏林，军事上的可能性几乎为零。

其次，艾森豪威尔已经了解到盟国有关划分战后对德占领区的政治协议，按这一协议的划分，柏林虽然分区占领，但城市本身将由苏联控制。这样，即便盟军不惜代价地占领柏林，最后还是得按政治协议将柏林交给苏军，艾森豪威尔可不愿做这种"为他人做嫁衣裳"的事。

第三，柏林是德国的首都，是第三帝国存在的精神象征。希特勒一定会负隅顽抗。而且柏林城防坚固，易守难攻，防守柏林的德军除外围兵团外，还有20多万卫戍部队，200多个突击队，强攻柏林，势必付出重大代价。为此，艾森豪威尔曾征询过布莱德雷的意见，让他估计一下从易北河冲到柏林，盟军需要付出多大的代价。布莱德雷答复："至少要损失10万人。"战争行将结束，还要付出这么大的代价，艾森豪威尔认为实在不值得。

另外，有关"民族堡垒"的神话也影响了艾森豪威尔的判断。据说，希特勒在走投无路时，打算把党卫军盖世太保和另外一些狂热地忠于希特勒的组织撤至巴伐利亚南部、奥地利西部和意大利北部山区，凭借那里险要的地形，同盟军顽抗到底。这样，盟军可能将面对一场旷日持久的游击战。据此，艾森豪威尔认为迅速占领德国全境比抢先攻入柏林更为重要。

由于美方的坚持，英国方面最后无奈地接受了艾森豪威尔的新方针。

4月1日，分别向前推进的蒙哥马利和布莱德雷完成了对鲁尔的合围，把B集团军群的21个师装进了大口袋。莫德尔率领被包围的德军企图突围，两次都被盟军打了回去，只好退守在防御阵地里，做困兽之斗。4月18日，盟军攻入鲁尔，B集团军群全部被歼。莫德尔下落不明，有消息说他在战败之际自杀了。

当鲁尔战役进入尾声时，盟军的一部分部队便开始向东挺进，直指易北河。蒙哥马利指挥部队东进时，只遇到了一些象征性的抵抗。在他正面的德军采取了有条不紊的退却战术，双方都只蒙受了轻微损失。对蒙哥马利真正构成阻碍的是前进路上纵横交叉的河流，当英军最终推进到200公里之外的易北河畔时，他们在自己的身后已架起了200座桥梁。

在易北河上稍事休整后，蒙哥马利又日夜兼程地指挥大军按计划直指波罗的海沿岸。在这里，他同苏军展开了竞争，他要抢在苏军之前进入丹麦。人们很怀疑一向稳扎稳打的蒙哥马利能完成这一任务。事实证明，这种怀疑是错误的。蒙哥马利不仅能稳扎稳打，也能快速推进。

为了加快行军速度，蒙哥马利命令各师在狭窄的挺进线上，做大纵深挺进作战。装甲先头突击部队绕过敌军还在抵抗的地区，开足马力向前推进，把攻击该地区敌军的任务交给后面赶来的部队在翼侧或后方予以完成。沿途，德军正规部队并没对盟军构成严重威胁，但盟军却受到了各种各样的狙击手的打击。这些人多数是一些少年和散兵，他们使用一种类似火箭筒的武器，在盟军前进路上的各个角落向盟军坦克射击。它给盟军坦克带来的损失是惊人的，第2集团军先头部队的1000辆坦克，至少有125辆被击毁或重创，还有500辆受损严重。很多身经历次恶战的优秀士兵，也死于这种非正规的袭击中。胜利似乎在望，但死神的身影却在每一个道路转弯处徘徊。蒙哥马利费了很大的气力才使他的部队自始至终保持高昂的士气。

5月2日，蒙哥马利终于比苏军早6个小时抵达了波罗的海的维茨马和卢卑克，胜利完成了任务。他所取得的战果是辉煌的，仅5月2日和3日两天时间，登普西的第2集团军俘获的战俘就将近50万人。毫无疑问，德国已经被决定性地打败了。

第七章　和平的到来

1. 德国投降

1945年5月1日，德国的广播电台宣布，希特勒已在他的作战指挥所里死亡，海军上将邓尼茨接替他继任元首。新任元首邓尼茨为使德国避免无条件投降的厄运，决定分化盟国，采取向盟军单独投降的策略。5月3日，经他同意，凯特尔元帅派出一个代表团到蒙哥马利在吕讷堡荒原的总部，谈判投降事宜。代表团于当日11时30分到达，其成员有海军上将冯·弗里德堡、金策尔将军、海军少将瓦格纳和少校参谋弗里德尔。后来又增加了上校参谋波莱克。

蒙哥马利精心安排了这次谈判。德国代表被引到他的指挥车外，他有意让他们在迎风飘扬的英国国旗下等候了几分钟，然后才步出车外，佯装不知地问翻译："他们是什么人？"翻译向他一一作了介绍。

蒙哥马利接着问："他们来干什么？"

弗里德堡随即向他念了凯特尔信件，说他们打算让德国北部的所有军队（包括苏军正面的）向盟军投降。

蒙哥马利对此表示拒绝，说他不接受苏军正面的3个集团军向他投降。

弗里德堡则说，他的士兵不愿向苏联人投降，因为他们会被送到西伯利亚做苦工。

蒙哥马利则讥诮地说："1941年6月你们进攻俄国之前就应该想到这一天。"

接着，他向德国人提出了他的条件，他说："你们是否愿意让在我西翼和北翼的德国军队全部向我投降？如愿意的话，我们可以把他们当作我当面敌军以及在波兰支援我当面敌军的敌方部队，向我做一种战术性战场投降而加以接受。"他声称，如果这一条件不被接受，他将命令他的部队继续作战。然后，他又在地图上向德国代表介绍了他们目前的战况，他估计这足以打动他们接受条件。

正式谈判开始后，德国代表向蒙哥马利表示，他们无权作出决定，但他们准备建议凯特尔接受这一条件。

蒙哥马利立即起草了一份文件，概括了这次会谈达成的决议，然后，派他的副官布尔·沃伦中校同弗里德堡和弗里德尔两人驱车去弗伦斯堡面见凯特尔。蒙哥马利重申，如果他们不能于次日下午6时返回复命，他将重新进攻。

蒙哥马利料定弗里德堡将受全权委托回来签字，于是决定在5月4日下午5时举行记者招待会，谈谈德国人同他联系谈判投降的事。

弗里德堡果然被委托为全权代表，当他同弗里德尔返回蒙哥马利总部时，记者招待会正在进行。

蒙哥马利再次摆出胜利者的姿态，他让德国代表在他的指挥车外肃立几分钟后，才把弗里德堡叫进车。他问："现在你是否愿意签字？"弗里德堡答："我同意。"

于是，蒙哥马利立即下令在他专设的一个营帐里举行受降仪式。在一群英国士兵、战地记者、摄影人员和其他人士的注视之下，德国代表步入了营帐。在场的人异常兴奋，他们知道这所代表的历史意义。

蒙哥马利早已准备好了投降文书。营帐内布置得十分简单。一张铺着军毯的粗木桌，一只墨水瓶，一支极其普通的军用钢笔，另外还有两只英国广播公司的话筒。

蒙哥马利当众宣读了投降书，并补充说，除非德军立即签署这份文件，并不再就投降后的安排提出种种条件，否则，他将下令继续开战。

庄严的时刻来到了。蒙哥马利一个一个地叫着德军投降代表的名字，要他们依次在投降书的右下边签名，德国人一一照办了。最后，蒙哥马利在文件左下边签上了自己的名字。

德军投降书的全文如下：

荷兰、包括一切岛屿在内的德国西北部以及丹麦境内全体德国武装部队的投降书

一、德军最高统帅部同意在荷兰、德国西北部（包括弗里西亚群岛和赫耳果兰岛及其他一切岛屿）、石勒苏益格——荷尔斯泰因和丹麦境内的全部德国武装部队向第21集团军群总司令投降。上述地区的全部海军舰只均包括在内。上述部队应立即放下武器，无条件投降。

二、上述地区之德军均应在1945年5月5日（星期六）不列颠夏令时间8时起，停止在陆上、海上与空中的一切敌对行动。

三、德军最高统帅部对今后盟国就任何问题下达之命令，均应立即执行，不得有任何争辩及评论。

四、凡违抗命令或执行不力者，将视为破坏本投降条款，由盟国依照现行法律与战时习惯法论处。

五、本投降书并非盟国签署的适用于全德及德国全体武装部队的总投降书，一俟该总投降书签署后，本投降书当予废止。

六、本投降书分别以英、德两种文字书写，以英文本为准。

七、若对投降条款含义及解释发生疑问或争执，则以

盟国的决定为最后之裁定。

伯纳德·劳·蒙哥马利元帅　冯·弗里德堡

1945年5月4日

18时30分

瓦格纳

波莱克

金策尔

弗里德尔

投降仪式结束后,蒙哥马利颁发了正式停火令,宣布自5月5日上午8时起第21集团军群全线停止战斗。

接下来,蒙哥马利又写了几封公开信,第一封写给第21集团军群所属的高级指挥官,第二封写给第21集团军群的所有士兵。而后,他又向皇家海军、皇家空军发去公开信,对于他们在战争期间的通力合作表示感谢。

5月8日午夜,盟军在柏林举行了由朱可夫元帅主持的正式的德国无条件投降仪式。凯特尔元帅代表德国政府向美、苏、英、法四国投降,并在无条件投降书上签字。至此,欧战胜利结束。投降书从5月9日零时生效。5月9日,成为欧洲胜利日。

对于蒙哥马利在第二次世界大战中的功绩,丘吉尔首相给予了极高的评价:

"该集团军群(第21集团军)之英名和第8集团军一样,必将永垂史册。他们的丰功伟绩,首先是他们的司令长官的品性、深谋远虑的战略和不屈不挠的战斗精神,实令我们的后代引为无上荣光。他从埃及经的黎波里、突尼斯、西西里和南意大利,经法国、比利时、荷兰和德国直达波罗的海和易北河,旌旗所指,攻无不克,未尝有丝毫失误。"

2. 接管德国

对战后德国的安排，盟国原来计划是在柏林成立一个包括苏、美、英、法各一名委员的盟国管制委员会。他们负责指导德国中央政府如何管理这个国家。此外，德国还将被划分为几个地区，由4国分区占领。

管制委员会本应于德国无条件投降后成立，但这时出了点麻烦。邓尼茨的德国政府虽然在投降书上签了字，但盟国认为这个政府不具合法性，加上很快邓尼茨就被作为战犯逮捕。这种情况下，管制委员会无法自动发挥作用。而柏林因为已遭严重破坏，暂时也不适宜作为治理德国的中心。而且，除美国已委派艾森豪威尔为管制委员会美方委员外，苏、英、法三国均未派出自己的代表，因此，盟国远征军最高统帅部继续发挥其作战指挥部的作用。

由于英国迟迟未派出英占区司令长官和管制委员会委员，蒙哥马利只好自行先负起责来，以处理英占区内亟待解决的问题。

5月6日，他发布命令，严禁抢劫和使用德国的运输设施。这类行为在战争期间是稀松平常的，但在和平时期却是一种罪行。他宣布，任何人违反此令，不论军阶，一律要受军事法庭审判。

接着，他着手解决德国战俘问题。由于战俘数多达150万，无法投入集中营或战俘营，蒙哥马利决定通过德国的司令部来进行这项工作。他命令，所有德国部队均划归原德西北欧总司令布施元帅管辖，通过他把所有德军转移到沿海岸的半岛上集中起来，然后对他们进行登记和查对，根据需要将他们遣散或安排从事各种工作。

最后，他还把英占区划分为4个军区。柏林区，由莱茵将军负责；石勒舒益格—荷尔斯泰因区，由巴克将军负责；汉诺威区，由霍罗克斯将军负责；威斯特伐里亚区，由克罗克将军负责。

其余部队则由蒙哥马利本人统一管理，组成总预备队，以防万一。

此外，蒙哥马利还就必须解决的各种民政问题，决定按以下轻重缓急的顺序一一加以解决。这些问题分别是：口粮、住房和预防疾病，然后是交通及其他有关问题。

5月14日，蒙哥马利接到通知，被告知他已经被任命为英国占领军司令和盟国管制委员会英方委员。这项任命于5月22日正式生效。

在这时期，频繁的互访、授勋等活动占据了蒙哥马利的大量时间。

5月7日，毗邻第21集团军群的苏白俄罗斯集团军司令罗科索夫斯基元帅首先到维斯马访问了蒙哥马利，受到了蒙哥马利热情接待。次日，蒙哥马利应邀回访，热情好客的苏联人特地派专人到蒙哥马利军营了解蒙哥马利有什么嗜好。这位特使先问："元帅爱喝什么酒？"众人答道：

"元帅从不喝任何含酒精的饮料，他只喝白开水。"特使觉得有些不可思议。又问："那么，他抽什么牌子的雪茄？"他得到的回答是："元帅从不吸烟。"特使更加惊奇了。最后他又说："我们那里有一些很漂亮的姑娘和舞女。"人们则告诉他："元帅对女人从不感兴趣。"这下，特使感到真是束手无策了，他嚷嚷道："他不喝酒，不抽烟，又不搞女人，那他整天忙些什么？"

蒙哥马利如约去了罗科索夫斯基的司令部，在那里，他受到热情的款待。

5月13日，蒙哥马利应丹麦盛邀，去了哥本哈根，在那里他接受了丹麦政府授予的勋章和哥本哈根荣誉市民的称号。一名对他怀恨在心的纳粹分子混在欢迎的人群中，企图用手榴弹谋杀他。丹麦警方及时发现，将这名纳粹逮捕，粉碎了这次针对蒙哥马利的暗杀阴谋。

5月25日，蒙哥马利途经巴黎，受邀为5月25日开幕的英国军事展览会主持揭幕式。巴黎倾城出动欢迎他。戴高乐授予他一级荣誉勋章。随后，蒙哥马利向欢迎的人群发表演讲，引起人们阵阵欢呼。

6月7日，蒙哥马利飞赴安特卫普庆祝该城获得自由。连日的美味佳肴使蒙哥马利的胃变得脆弱，节目还没完他便因难受而要求提前返回。主人立刻安排车子送他回去。结果，蒙哥马利吐得一塌糊涂。事后，他为弄脏了车向司机道歉，谁知这位小伙子却挺直了身，说"哪儿的话，阁下，这是荣幸。"

6月10日，蒙哥马利又在艾森豪威尔的法兰克福总部接受了美国政府授予他的优异服务勋章。这是美国授予外国军人的最高勋章。

同一天，蒙哥马利和艾森豪威尔又接受了朱可夫代表斯大林授予的胜利勋章。这是苏联从未授予任何外国人的最高荣誉，而且勋章本身也价值连城，它是由众多红宝石和钻石镶成的一个漂亮的五角星。

7月13日，蒙哥马利代表英国政府为朱可夫授勋，授予他巴斯骑士大十字勋章。

蒙哥马利这时候的工作，并不比战争时轻松多少。5月底的时候，他发现德国人普遍有着焦虑不安的情绪。而德军一些将领也想通过同英方的积极合作，取得英国盟友的地位，进而反对苏联。蒙哥马利对此不能容忍，他警告德国将领，德军已经被击败，他们得接受眼前的一切。5月30日，他又发表《告英占区德国人民书》，打消德国民众的怀疑，让他们安心地重建德国。

随着英占区秩序的恢复，6月10日，蒙哥马利又发表《告英占区德国民众书》，宣布将逐步放宽完全不与德国人来往的限制。这一限制到9月份时，经蒙哥马利提议，基本被取消，仅仅保留了两条：
一、武装部队成员不得与德国人居住在一起；二、武装部队成员不
得与德国人通婚。

在蒙哥马利成功地恢复英占区秩序的同时，他同苏联人却发生
了纠纷。

6月5日，蒙哥马利同朱可夫会晤。朱可夫提出，鉴于战争最后
几星期里，英美军队实际上越过了《雅尔塔协定》中规定的界线，
因此，西方盟国必须在管制委员会4国正式代表会议前将仍然占领的
苏占区交还给苏联。蒙哥马利表示，这个问题他无权做出决定。朱
可夫则说，那么柏林在今后几星期里还不适宜接待盟国管制委员会
任何一方代表。西方盟国与苏联的纠纷在这里已现出端倪。

6月5日这天下午4时，举行了一次德国无条件投降的正式签字仪
式。同时，召开了盟国管制委员会第一次会议。会议的气氛非常热
烈，但没有取得任何成果。

会后，蒙哥马利把英占区管制委员会的主要机构设在汉诺威和
奥斯纳布吕克，因为这时显然已不可能设在柏林。同时，他决定在
法兰克福同美国人一起设立作战指挥所。他希望借此尽快在英占区
进行秩序井然的管理工作，同时又能同美国人保持步调一致。

6月份，苏、美、英三国首脑在占领区问题上取得了一致，三方
同意将各自部队撤至经过同意的占领区。同时，苏联同意英、法、
美的卫戍部队于7月1日进入柏林。这样，一直无法真正开展工作的
管制委员会运转了起来。

7月13日，盟国远征军最高统帅正式解散，艾森豪威尔以美占区
司令长官的身份继续留在德国。这时候，整个东德占领区，由朱可
夫控制，而西德占领区则分为3个地区，分别由英、法、美控制。西
方国家同苏联被战争所掩盖了的矛盾日渐暴露。西方盟国的3个占领
区可自由往来，但他们同苏占区之间却不得随意进出。柏林是个例

外，各个管区这时仍可自由出入。

7月17日，苏、美、英三国首脑在波茨坦举行了会议。会议后期，丘吉尔在国内选举中突然遭到决定性的失败，工党组成了艾德礼政府。艾德礼接替丘吉尔继续出席了波茨坦会议。8月2日，会议通过了《波茨坦公告》，提出苏、美、英、法4国共管德国，并提出了重建德国的具体办法。

蒙哥马利在他的英占区积极行动起来。他首先抓的是经济问题。为此，他遣散了大量德军战俘，让他们从事各项生产。同时，向矿工提供更多的口粮，使煤产量逐渐上升；车辆的供给和公路、铁路的维修得以进行，使运输业、沿海的渔业也重新发展起来。

与此同时，蒙哥马利还在思考如何把德国人的思想沿正确的轨道重新振作起来的问题。为此，蒙哥马利在7月底拟订了一份实施这一工作的计划纲要：

一、允许人们自由地讨论他们本身的问题，并普遍地开始采取一些自助的措施。

二、根除纳粹主义的毒瘤，如游手好闲、百无聊赖和恐惧未来等，树立正确的思想，使人们充满希望。

三、特别加强对德国青年一代的工作。

根据这一计划纲要，蒙哥马利又起草了第三封《告英占区德国人民书》，并于8月6日公布实施。然后，他便着手解决英占区内的教育问题。

1946年1月26日，蒙哥马利接到通知，说他已被推选为帝国参谋总长，要求他于1月26日就职。能够出任英国职业军人的首脑，无疑是蒙哥马利军事生涯的顶峰，是莫大的荣誉。当初，他在桑赫斯特军校读书时一定没有想到会有这一天，别人也不会想到这个"好斗的B连"的头儿，会如此扶摇直上。

在即将离任之际，蒙哥马利仍然关心着德国人民和英占区的发展问题，他进一步开展了非纳粹化活动，并着手逐步把管理和解决德国人的问题的责任移交给德国人自己。

1946年5月2日，蒙哥马利离开了德国。临行前，他向驻莱茵地区英军军官发表告别演讲，他说，这一次的离去使他黯然神伤，因为他的军人生涯到了再也不能指挥英国士兵的阶段了。

3. 不知疲倦的蒙哥马利

蒙哥马利回到了英国，离他正式上任还有7周的时间。他决定利用这段时间好好思考一下如何着手工作，适应新任务的要求。而后，他去看望了自己的老朋友，还有分别了十余年没见的儿子戴维。戴维如今已经17岁，仍在温切斯特念书。

蒙哥马利经过反复考虑，决定上任后必须做好以下几件事：一是解决战后英国军队的组织问题；二是制订一个内容广泛的陆军战术概则；三是由他亲自掌握陆军，所有司令官必须听命于他。据此，他打算在上任后到1947年底巡视英帝国的各个部分，有些地方是以前的帝国参谋总长在任上从未去过的。为了使自己的工作一开始就走上正轨，蒙哥马利在上任前率先访问驻有英国部队的地中海国家，并掌握第一手资料。

战争期间，蒙哥马利曾指挥过来自加拿大、澳大利亚、新西兰、南非、南罗德西亚、印度和许多其他殖民地及自治领的军队，战后，这些国家的政府纷纷邀他前去访问。蒙哥马利愉快地接受了邀请，这样，他不仅可以同许多老战友在他们的家中见面，也可同这些国家的军事当局共同讨论一些问题。

1945年8月19日起，蒙哥马利首先访问了加拿大和美国，并会见了昔日的顶头上司和诤友艾森豪威尔。

1947年1月6日至10日，蒙哥马利启程访问了苏联。此时，英苏关系已经恶化。尽管如此，蒙哥马利还是受到了热情款待。最后一天，他和斯大林进行了会谈。在苏联的耳闻目睹，使蒙哥马利认为，西方国家对苏联的认识有太多的偏见。他的看法是："俄国已筋疲力尽……它需要长期的和平，以便恢复。"

1947年6月，蒙哥马利应邀去澳大利亚和新西兰访问。途中，他顺便访问了印度。由于印度民族解放运动的高涨，英国已准备放弃这块最大的海外殖民地，通过了由蒙巴顿提出的"印巴分治方案"。蒙哥马利在印度同尼赫鲁和真纳进行会谈，并了解了有关印巴分治的情况。第二天，他在日记里这样写道："这么快把印度分为巴基斯坦和印度联邦，产生了严重问题。该问题只能通过双方紧密合作才能解决。做不到这一点，那一定会造成可怕的混乱和大流血。"蒙哥马利不幸而言中了，印巴之间后来果然爆发了战争。

6月30日，蒙哥马利抵达澳大利亚。澳大利亚是他童年生活过的地方，旧地重游，触发了他许多回忆和感慨。蒙哥马利访问了每一个州，还同澳大利亚许多老战友会了面，并同澳大利亚政府讨论了太平洋防务合作和英军驻澳大利亚代表的问题。

7月16日，蒙哥马利飞抵新西兰，在那儿，他又见到了许多曾和他在沙漠和意大利一起战斗过的老战友。在蒙哥马利眼里，他们都是非常了不起的军人，见到他们，蒙哥马利高兴极了。关于军事问题，蒙哥马利主要同他们讨论了新西兰参与英联邦在世界这一地区的防务机构的方法。

1947年11月中旬，蒙哥马利离开伦敦开始非洲之行。在这次非洲之行中，蒙哥马利访问了许多国家和地区，这一旅程使蒙哥马利对开发英属非洲殖民地的巨大价值，留下了深刻印象。他认为这种开发可以用来使业已衰落的英帝国在日趋激烈的世界潮流中卓有成效地进行竞争。可惜的是，英国对开发英属非洲似乎没有"总体设想"。

当蒙哥马利巡视到埃及运河区时，他突然收到了一封信，说戴维已通过了博文顿皇家装甲兵军官学校学员训练队的考试，成绩名列前茅，被授予"荣誉武装带"。于是，蒙哥马利立即结束非洲之行，返回英国，及时地赶上了结业分列式，并亲自为自己的儿子戴上了"荣誉武装带"。

当然，和平时期也不完全是和平，在蒙哥马利任参谋总长期间，巴勒斯坦问题就是一个例子。

1946年6月以后，巴勒斯坦局势恶化。犹太人秘密武装组织不断发起对英军的袭击，而英军则采取了相应的反袭击措施，但局势向着失控的方向发展。工党政府采取怀柔政策，把一些被捕的犹太恐怖组织的负责人统统释放了，但是并未扭转局势。

蒙哥马利对工党政府的做法不满，1946年11月，他飞赴巴勒斯坦，在那里，他认为对各种非法武装组织必须采取强有力的打击。他的这一主张再次与殖民当局意见相左。这时，发生了犹太人绑架和鞭笞几名英国官兵的事件，英国国内群情激愤。在这种情况下，蒙哥马利的意见占了上风。

在帝国参谋总长任内，最使蒙哥马利头痛的还是为不使陆军衰落而与政府的争执。这一争执，终于使他成为白厅里多数人所讨厌的对象。

战争结束后，英国陆军由于大量复员造成兵员不足。蒙哥马利认为这是危险的，建议在和平时期实行国民兵役制。经过在政府内一番面红耳赤的争论，终于使政府通过了和平实行国民兵役制的法案，服役期为18个月。这一法案提交议会通过时，遭到抵制。为防止出现政治危机，已身为国务大臣的亚历山大提议将服役期减为12

个月。结果法案获得通过。但蒙哥马利认为12个月服役期，在军事上是不妥当的。

1948年，出现"柏林危机"，西方国家同苏联的战争大有一触即发之势。这时，鉴于兵力不足，英国政府提出暂停复员6个月。蒙哥马利认为，一面停止复员，一面又准备实施国民兵役法，显然不合逻辑。唯一的解决办法是把复员同服役两年的国民兵役制结合起来。

1948年10月19日，为使自己的主张获得通过，蒙哥马利采取了非常行动。他召集陆军委员会的所有军方成员开会，问他们，如果政府做出的决定少于18个月，他们是否愿意在他带头之下集体辞职。众人一致同意。蒙哥马利立即以此向政府提出条件，结果他再次成功了。在他11月份离开英国出任西方盟国军事委员会主席后不久，他的继任者斯利姆终于获得政府批准18个月服役期。但是，蒙哥马利为此付出了代价，他在政府里得罪了许多人。

4. 最后的十年

西欧联盟各国总司令委员会的总部（简称"联总"）设在法国枫丹白露。1948年11月，蒙哥马利来到这里，正式就任联总常务主席，这是他最后10年军人生涯的开始，这时候，他已经62岁了。

如果说他同贝蒂共同生活的10年，是他一生中最幸福的10年，那么这个10年则是他一生中最为轻松的10年。尽管他头上有着各种金光闪闪的头衔，但实际上他已远离了权力中心，因此，尽管他那至死难改的个性使他仍不断同其他人发生摩擦，但却很少惹起大的纠纷。

在担任联总主席期间，蒙哥马利所做的重要的一件事是提出吸收西德加入西欧联盟。他的这一建议因法国的激烈反对，一直拖到1955年才付诸实现，西德在那一年成为北约正式成员国。

1949年4月，《北大西洋公约》签订，联总被欧洲盟军最高司令部取代，艾森豪威尔再次成了他的上司，担任了总司令，蒙哥马利则为副总司令，但他的这一职务实际是个虚职，名义上总司令不在时，由副总司令负责，但实际上参谋长履行真正的副总司令的职责。蒙哥马利显然无意去为自己争点什么，这一方面是由于他对这种非纯军事领域的权力不感兴趣，另一方面他当时的主要任务是抓训练。而训练正是他的拿手好戏，他也乐此不疲。此外，他发现自己现在所处的这个无关紧要的位置，可以使他毫无顾忌地对任何事进行批评而不致引起什么风波，倒也一身轻松。这期间，他最过头的言行，是他提出的"核威慑战略"。他提出，在下一次战争中，对于核武器，他将会"首先使用它们，然后再提问题"。这一度在英国工党政府里引起了恐慌。

由于北约组织机构臃肿，存在严重的"文山会海"现象，一向不能容忍效率低下的蒙哥马利在司令部内进行了一些革新，鼓励简单明了的做法，反对长篇大论的文章。有一次，他收到一份冗长而无内容的报告，在转交参谋长时，他附上了一张语言极为尖刻讥诮的便条，他在便条上这样写道：

一、您拜读过这份大作吗？

如果我们欧洲盟军最高司令部有大奖，我将给它一等奖和一枚奥林匹克金质奖章，以表彰它如此大量的陈词滥调、陈腐思想、绕来绕去的长句子、许多人都不明白的生僻词汇以及累赘。

二、毋需多言，为北约委员会写的文件必须表达清晰，语言简洁，紧扣主题。我们必须讲事实，并用事实来说明某种道理。重要的是文件内容的质量，而不是文件的页数。

三、当讨论这份文件时，我希望上帝能出席我们的会议。特别是剩下的465页如果也像这35页，我们肯定需要他的帮助。

蒙哥马利元帅

由于蒙哥马利的主要精力扑在训练和演习上，他不得不经常来回奔走，穿梭于北约成员国之间。他同这些国家都建立了良好的关系，包括美国。唯一的一次例外是他当着美国人的面说"航空母舰已经过时"，引起了美国人的一些不满，但很快也就忘得一干二净。

蒙哥马利的穿梭访问，使他事实上成了某种非官方使节，而他本人也喜欢以这种非官方使节的身份推行北约重要政策。1953年和1954年，他曾两度作为铁托的客人访问了南斯拉夫。后来，他还打算去访问西班牙，但因北约对西班牙态度复杂，最终没有获准成行。

由于是个闲职，蒙哥马利日子过得轻松自在，无忧无虑。他已经老了，也无心谋求什么提升，而且他收入颇丰，衣食无愁，人生到了这一步还有什么不满意呢？他所想的唯一的事就是服满50年役，成为英国军队中服役期最长的人。

1953年，有消息说蒙哥马利将要退休，但是蒙哥马利表示坚决拒绝退休。他的拒绝带来一点小麻烦。为了能够接替他的职务，英国驻莱茵河军总指挥理查德·盖尔特地延长了他的任期。蒙哥马利看起来似乎要永远干下去，眼见无望，盖尔便于1957年3月先蒙哥马利退休，回到自己在英国的牧场养老去了。蒙哥马利这时却宣布，他将于1年内退休。这下算是给了盖尔机会，他被请了回来，任命为蒙哥马利的继任者。

1958年，蒙哥马利已是71岁高龄了，但依然身板硬朗，精神矍铄。在他正式退休以前，他以充沛的精力组织了一场代号"CPX8"的军事演习，而后频频出访各国，表达告别之意。从5月份到9月份，他先后访问了加拿大、西德、荷兰、葡萄牙、挪威、南斯拉夫和法国。9月14日，他还到尼斯参加了丘吉尔的金婚纪念活动。4天以后，即9月18日，他正式告别了军队。英国陆军委员会为他在切尔西举行了盛大的告别宴会。

从1907年进入桑赫斯特军校学习，到1958年退役，蒙哥马利的戎马生涯长达52年。在英国陆军历史上，只有上个世纪的罗伯茨将军的服役年限可以和他媲美，但罗伯茨中间曾有一段时间离开军队。这令蒙哥马利非常自豪，不无得意地说："据我所知，我的服役时间超过了威灵顿、马尔巴勒和蒙克。"这3位都是英国历史上最伟大的将领。

5. 生命的尽头

蒙哥马利退出现役后，并没有退出公众生活，他还不打算这么早就躺在家里养老，靠侍弄些花草鸟木了此余生。这不是他的风格，他是永远不会安分的，除非他不得不如此。

1958年至1968年，是蒙哥马利生命中又一个特别的10年。这10年里，退休的陆军元帅的活动主要集中在3个方面：

一、撰写著作和去广播电台和电视台向观众演讲。这期间，他先后撰写的著作有：《蒙哥马利元帅战争回忆录》（1958）、《正确判断的方法》（1959）、《领导艺术之路》（1961）、《三个大陆》（1962）和《战争史》（1968）。

二、周游世界各国，并以一个有影响力的局外人身份发表见解。在这些活动中，他表现出了一个高龄老人所罕见的充沛精力和敏捷思维。1959年4月，他访问苏联，同年11月，访问南非。1960年，访问印度、中国。1961年，二访中国，随后访问加拿大和中美洲。从1962年到1966年，他每年初都要去南非访问。1967年，他去埃及凭吊了旧战场，这是他最后一次海外之行。

需要指出的是，蒙哥马利对中国进行的两次访问非常有意义。由于西方国家对中国的封锁，对当时大多数西方人来说，中国是非常神秘的。蒙哥马利本人当时也一度对新中国抱有敌视和怀疑的态度，他在1958年撰写的《回忆录》中曾说："在远东，倘各国恐惧外来威胁的话，那是中国而非俄国。"1960年，蒙哥马利访问印度时，突然心血来潮想瞧瞧中国这个他眼里神秘的国度，于是从新德里向北京发出了访问请求，中国政府热情地接受了。

1960年5月24日，蒙哥马利由香港抵达广州，在人民国防体育协会主席李达上将陪同下，于当日中午乘机抵达首都北京。下午，他分别参观了北京站、民族文化宫和北京其他一些新建筑。国务院副总理陈毅元帅接见了他，并设晚宴盛情款待远道贵宾。25日白天，周恩来总理同对外贸易部部长叶季壮分别接见了蒙哥马利。这一天，蒙哥马利还观看了中国人民解放军的跳伞表演和滑翔机飞行表演，参观了北京第二棉纺织厂。

两天的访问参观，新中国给蒙哥马利留下了深刻印象，改变了他原来的敌意和怀疑。25日晚，在周恩来总理举行的欢迎宴会上，他表示，回国后将尽个人所能促使英国政府同新中国保持良好关系，并说，他将努力纠正西方世界普遍存在的对新中国的错误认识。

5月27日，蒙哥马利离开北京前往上海访问。在上海，蒙哥马利就台湾问题发表了自己的看法。他说，作为一名理智的军人，他一贯认为世界上只有一个中国，中国政府在北京，台湾是中国领土的一部分。当天晚上，正在上海视察工作的毛泽东主席接见了蒙哥马利并共进晚餐。

28日，蒙哥马利在李达上将和国家体委副主任荣高棠陪同下乘机南下广州，而后取道香港回国。临行前，他愉快地接受了1961年9月再次访问中国的邀请。

1961年9月，蒙哥马利再次来到中国。这一次访问时间比上一次更长，访问地方比上一次更多，对中国的了解也更加深刻。从9月9日起，他先后参观访问了包头、延安、西安、三门峡、洛阳、郑州和武汉等地，受到各地党政军负责人热烈欢迎和亲切会见。9月20日，他返回北京，又受到党和国家领导人多次接见。陈毅元帅为他举行宴会并陪同参观故宫；周恩来总理两次接见他；9月22日，国家主席刘少奇同他会见；9月23日和24日，毛泽东主席又两次接见了他。半个多月的访问，加深了他同中国人民的感情。他真诚地说："中国人民已经掌握了自己的命运，他们是坚强团结的，他们12年来在毛泽东的领导下，在国家建设上取得了辉煌的成就。"

在这一次访问中，蒙哥马利提出了著名的缓和国际紧张局势的三项原则：大家都应当承认一个中国、承认两个德国、一切地方的一切武装部队都撤退到他们自己的国土上去。他还特别补充说，他所指的中国是中华人民共和国，他一向认为台湾是中华人民共和国的一部分。这是蒙哥马利对战后国际问题看法的一大发展。在那个时代，作为一名西方有影响的人物，他的这一认识是难得的真知灼见。

晚年蒙哥马利所积极从事的第三方面活动是参与国内政治。

在他职业军人生涯里，他只关心军事问题，对政治事务一向漠不关心。从军界退出后，他可能感到自己的经验是一笔财富，决心利用它在国内政治中发挥作用。1958年，他同保守党结盟，并成为上议院议员。在上议院里，他讲话从来都无所顾忌，成了引人注目的人物。但遗憾的是，他同政治无缘，多数人认为，在严肃的政治问题方面，蒙哥马利是个无足轻重的人物。

退出军界和高龄似乎并未使蒙哥马利古怪的性格有所变化。私生活中，他依然是那样我行我素，远离人群。他的大多数闲暇被用来观看各种体育比赛，尤其是球类。这是他孩提时代就养成的兴趣，也是他少得可怜的爱好之一。他一个人住在伊辛顿庄园，拒绝家人来照顾他，只有儿子戴维是少数几个来访者之一。他隐士般的平静生活只有两次被打断：一次是1960年，洪水光顾了他住宅的一楼；另一次是1967年，一伙小偷趁他不在"拜访"了他的家，装饰家里财物洗劫一空，连他的元帅权杖也被偷走。只有"吕讷堡荒原投降文件"逃过此劫，蒙哥马利于是把它捐给了大英博物馆。

1964年以后，蒙哥马利的身体状况开始变坏。这一年做的背部手术，使77岁的蒙哥马利开始变得虚弱。第二年，他因身体不适，没有参加每年必到的阿拉曼联欢会。这以后，医生诊断他患有轻微的心脏病。1967年，埃及之行使他的老态再也不能掩盖。1968年初，从不认输的蒙哥马利终于在健康状况面前低下了头，被迫放弃了大部分公职，并宣布不再参与公共事务。在参加完当年的英国国会开幕仪式后，他退出了公共生活，在人们的视线里消失了。

1976年3月35日，年届九十的蒙哥马利与世长辞。

这个世界不再有伯纳德·劳·蒙哥马利了。但人们永远不会忘记，二战时期曾经有一位伟大的将领——伯纳德·劳·蒙哥马利。

附录

蒙哥马利生平

伯纳德·劳·蒙哥马利（Bernard Law Montgomery，1887年11月17日~1976年3月25日），英国陆军元帅、战略家、军事家，第二次世界大战中盟军杰出的指挥官之一。

蒙哥马利出生在伦敦的一个北爱尔兰人家庭。毕业于伦敦圣保罗公学和桑德赫斯特皇家陆军军官学校。参军初期在印度服役。并参加过第一次世界大战。

1920年1月入坎伯利参谋学院学习。毕业后任旅参谋长，参加英对爱尔兰战争。1926年1月调坎伯利参谋学院任教官。1931年起先后任驻巴勒斯坦和驻埃及英军营长。1934年调任印度奎达参谋学院首席教官。1937年调任为驻朴茨茅斯第9步兵旅旅长。1938年10月任驻巴勒斯坦第8师师长，参与镇压巴勒斯坦人武装暴动，擢升少将。1939年8月任驻英格兰第3师师长。

第二次世界大战爆发后蒙哥马利赴法参战。1940年5月率部从敦刻尔克撤退。1941年1月任第5军军长，4月任第12军军长，12月任本土东南军区司令。1942年8月正当北非战局严峻之际，出任驻北非英国第8集团军司令，晋中将。到任后，对所部严格整训，补充给养，振奋士气。10月对隆美尔指挥的德意军发起阿拉曼战役，将其逐出埃及，扭转北非战局。尔后率部乘胜追击，进军利比亚，突破马雷特防线，1943年4月与D.D.艾森豪威尔指挥的盟军会师并向退守突尼斯的残敌发起最后攻击。7~8月率部与美国第7集团军共同实施西西里岛登陆战役。9月初率部横渡墨西拿海峡，攻入意大利南部。同年12月奉调回国，任盟军第21集团军群司令兼地面部队司令，参与制订诺曼底登陆战役计划。1944年6月6日参与指挥盟军在法国西北部诺曼底登陆，粉碎德"B"集团军群，尔后乘胜追击，解放法国北部和比利时大部。阿登战役中，率部配合第12集团军群粉碎德军反扑。1945年2～1945年4月率部突破齐格菲防线，强渡莱茵河，向德国本土推进，先后占领不来梅、汉堡和吕贝克。5月4日接受德军北部集团投降。战后，任驻德英军总司令兼盟国对德管制委员会英方代表。1946年受封阿拉曼子爵，出任英帝国总参谋长。1948年任西欧联盟常设防御组织主席。1951年任北大西洋条约组织欧洲盟军副总司令。1958年退休。卒于英格兰汉普郡奥尔顿。

蒙哥马利治军严格，注重从实战出发训练部队；强调鼓舞部队士气，认为发挥人的积极性是取得胜利的重要因素；主张做好战前准备，制订周密的作战计划，尽量减少人员伤亡。著有《从阿莱曼到桑格罗河》《蒙哥马利元帅回忆录》《一种趋于明智的态度》《走向领导的途径》《战争史》等。

蒙哥马利年表

1887年11月17日，出生于英国伦敦肯宁顿一个牧师家庭。

1902年，从澳大利亚回国后进入圣保罗学校学习。

1907年1月，考入桑德赫斯特皇家军事学院，6个星期后被提升为一等兵。

1908年9月，被分到皇家沃里克郡团驻防印度。

1914年，一战爆发后，作为一名中尉排长赴法国参加作战。

1918年，战争结束升为中校并获得优异服务勋章。

1920年1月，进入坎伯利参谋学院。

1927年7月27日，同贝蒂结婚。

1938年，二战爆发蒙哥马利为少将，被派往巴勒斯坦。

1938年8月，任第3师师长，赴法国和比利时抗击德军成功指挥敦刻尔克大撤退。先后任第5军和第12军军长，东南集团军司令。

1942年8月，出任第8集团军司令，赴埃及领导北非战争。

1942年，将德军赶出了埃及。

1943年5月13日，德意军队在突尼斯投降。北非战场结束。

1944年1月，出任第21集团军司令负责计划，组织诺曼底登陆。

1944年9月，被授予陆军元帅军衔。

1945年5月3日，在吕内堡荒地指挥所接受德军投降不久出任英国驻德国占领军总司令。

1946年6月26日，出任大英帝国陆军参谋总长

1948年9月，出任西欧联盟各国总司令委员会主席。

1951年北约成立，被选为北大西洋公约组织驻欧洲盟军最高司令部最高副统帅。

1958年秋，退出现役。

1976年3月25日，去世，享年89岁。